D0726943

GRAMMAIRE

Giovanna Tempesta

TESTS CLE

CLE
INTERNATIONAL

Conseils à l'étudiant

- Vous pouvez suivre l'ordre des chapitres de 1 à 10 ou choisir librement les contenus que vous voulez travailler, chaque chapitre étant autonome.
- Vous pouvez répondre aux tests au crayon à papier pour les refaire après quelque temps.

Vous faites un exercice,
vous comparez vos réponses avec les corrigés,
vous vous mettez une note,
si vous n'avez pas su répondre, ou si vous vous êtes trompé(e), apprenez les bonnes réponses.
Refaites l'exercice plusieurs fois.

Refaire les exercices vous aidera à fixer les connaissances et ainsi à progresser en français.

Édition : Brigitte Faucard

Illustrations : Jaume Bosch

Couverture : Laurence Durandeau

Maquette : Télémaque

Mise en page intérieure : PAOH ! - Dole

ISBN : 209033 619-6

Avant-propos

Les *Tests CLE* en grammaire s'adressent à des apprenants adolescents et adultes de niveau avancé en français.

Cet ouvrage vise à réemployer des points grammaticaux abordés au préalable, à travers de nombreux exercices afin de continuer à apprendre et à fixer les connaissances de la langue. Ce livre peut être utilisé en complément d'une méthode ou en auto-apprentissage.

Les 10 chapitres de cet ouvrage prennent en compte les objectifs et les contenus de l'apprentissage des méthodes actuelles.

À travers des activités stimulantes, variées et parfois ludiques, les exercices se présentent sous forme de textes à compléter, de production guidée ou libre, de mots croisés, d'observation et de découverte des structures grammaticales, de rébus, etc.

Chaque page comporte 10 questions numérotées en vue d'obtenir 10 points. Ainsi, l'apprenant peut s'évaluer et savoir où il en est dans son acquisition.

Les consignes y sont claires et concises. La progression peut suivre le découpage ou s'organiser librement, chaque chapitre étant autonome.

Les corrigés des exercices se trouvent à la fin du livre.

Sommaire

1. Le subjonctif présent et le subjonctif passé

1 Rébus. Soulignez les deux conjonctions suivies d'un subjonctif que vous trouverez dans ces rébus.

A 🥄 🍺 ... 🌱 A 🌬️ 🐛 ♟️ 🪢 ?, la, les 🪙

1. _____

🌳 1 K 🧙 📅 A 🌋 🦷 qu' 🏝️ vienne

2. _____

Note : /2 points

2 Rayez les trois intrus.

pendant que – afin que – bien que – qu'importe que – de crainte que – à chaque fois que – sous prétexte que

Note : /3 points

3 Cochez la bonne réponse. Ces conjonctions sont suivies de l'indicatif ou du subjonctif ?

1. après que   indicatif ☐   subjonctif ☐

2. pourvu que   indicatif ☐   subjonctif ☐

3. jusqu'à ce que   indicatif ☐   subjonctif ☐

4. puisque   indicatif ☐   subjonctif ☐

5. sans que   indicatif ☐   subjonctif ☐

Note : /5 points

TOTAL : /10 points

4 Complétez avec les subjonctifs manquants.

1. Pour que nous _____ (pouvoir) vous contacter, laissez-nous vos coordonnées.

2. En admettant que vous _____ (être) à la hauteur de la tâche, je ne peux pas vous confier ce travail.

3. Quoique l'affaire _____ (paraître) réalisable, j'hésite encore.

4. La réunion s'est terminée à midi de sorte que nous _____ (avoir) le temps de déjeuner.

5. Elle parle à voix basse de façon qu'il n' _____ (entendre) pas.

Note : /5 points

5 Mettez les verbes entre parenthèses à la forme qui convient.

1. Bien qu'elle _____ (faire) un régime, elle ne parvient pas à maigrir.

2. Je vous prescris ce médicament à condition que vous le _____ (prendre) pendant les repas.

3. Étant donné qu'il _____ (être) malade, les enfants passeront leurs vacances avec leur père.

4. Je resterai jusqu'à ce que le médecin _____ (venir) te chercher.

5. Nous te rendrons visite à l'hôpital dès que nous le _____ (pouvoir).

Note : /5 points

TOTAL : /10 points

6 **Reliez les éléments pour en faire des phrases.**

1. Nous sommes partis
avant l'heure de crainte qu' •

2. Il buvait depuis que •

3. Tu pourras sortir aussitôt que •

4. Voulez-vous un café
en attendant que •

5. Il est sorti avec les enfants afin que •

• **a.** je fasse la sieste au calme.

• **b.** mon fils arrive.

• **c.** on ne nous voie.

• **d.** sa femme l'avait quitté.

• **e.** tu auras fini tes devoirs.

Note :   /5 points

7 **Mettez les verbes entre parenthèses à la forme qui convient.**

1. L'infirmière cherchait son patient alors qu'il _____ (quitter)
la clinique.

2. Pour que ce traitement _____ (être) efficace, il faut le suivre
attentivement.

3. À moins que tu n' _____ (avoir) mal, reviens me voir dans quinze jours.

4. Prenez rendez-vous avec un grand chirurgien, avant que votre maladie ne
_____ (s'aggraver).

5. Sa femme lui cache la vérité de peur qu'il ne _____ (réagir)
violemment.

Note :   /5 points

TOTAL :   /10 points

8 Retrouvez quatre conjonctions suivies du *ne* explétif et du subjonctif.

1. Conjonction indiquant l'antériorité dans le temps.
2. Conjonction de peur.
3. Synonyme de *sauf si*.
4. Conjonction de crainte.

Note :   /4 points

9 Reliez les éléments pour en faire des phrases.

1. Ils ont rentré les pots de fleurs •   • **a.** avant qu'il ne pleuve.

2. Mettez-vous à l'abri •   • **b.** de peur qu'il ne fasse trop chaud.

3. Nous camperons en Bretagne •   • **c.** de crainte qu'ils ne gèlent.

4. Nous déjeunerons à l'intérieur •   • **d.** à moins que nous n'ayons
du mauvais temps.

Note :   /4 points

10 Choisissez la bonne conjonction.

1. J'irai vous rendre visite cette semaine *de peur que/à moins que/avant que*
vous ne préfériez que je vienne le mois prochain.
2. Il ne la quitte pas des yeux *à moins qu'/avant qu'/de crainte qu'*
elle ne s'en aille sans lui donner son numéro de téléphone.

Note :   /2 points

TOTAL :   /10 points

⑪ Reliez les éléments pour en faire des phrases.

1. Qui que vous soyez, •

2. Où que tu ailles, •

3. Quelle que soit votre différence d'âge, •

4. Quoi que vous me disiez, •

5. D'où que tu viennes, •

• **a.** je ne parviens pas à me consoler de sa disparition.

• **b.** vous vous entendrez parfaitement.

• **c.** nous te retrouverons.

• **d.** je ne vous laisserai pas passer.

• **e.** cela ne me regarde pas.

Note : /5 points

⑫ Complétez avec *qui, que, où, quoi* ou *quel*.

1. _____ que je fasse, il n'est jamais content.

2. _____ que vous travailliez, cela se passe toujours mal.

3. _____ que soit son caractère, il faudra l'accepter tel qu'il est.

4. _____ tu le veuilles ou non, tes enfants se marieront un jour.

5. _____ que vous rencontriez, ne parlez à personne.

Note : /5 points

TOTAL : /10 points

Le subjonctif passé

13 **Soulignez les subjonctifs passés.**

Est vu – ait vu – ai vu – soyons venus – sommes venus – étions venus –
avez entendu – aviez entendu – ayez entendu

Note :   /3 points

14 **Rébus. Soulignez les subjonctifs passés que vous trouverez dans ces rébus.**

1. _____

2. _____

Note :   /2 points

15 **Donnez le subjonctif passé de ces verbes.**

1. …que tu connaisses _____

2. …que vous alliez _____

3. …qu'elle plaise _____

4. …que nous sachions _____

5. …que je vive _____

Note :   /5 points

TOTAL :   /10 points

16 Complétez les phrases en mettant les verbes entre parenthèses au subjonctif passé.

1. Il est regrettable qu'elle _____ (ne pas parvenir) à rencontrer son nouveau professeur hier matin.

2. Nous sommes déçus que vous _____ (échouer) à vos examens de fin d'année.

3. Dommage que tu _____ (ne pas être admis) dans cette prestigieuse école de commerce.

4. Bien que mon frère _____ (suivre) un cours de langue intensif à Madrid, son niveau d'espagnol est médiocre.

5. Je leur ferai visiter l'université à moins qu'ils n'y _____ déjà _____ (aller).

Note :   /5 points

17 Mettez les verbes entre parenthèses au subjonctif passé ou au subjonctif présent.

1. J'espère qu'ils ont pris leur parapluie quand ils sont sortis, mais je doute qu'ils _____ (emporter) leur imperméable.

2. Il est surprenant qu'elle _____ (ne pas recevoir) la lettre que je lui ai écrite le mois dernier.

3. Nous regrettons que vous _____ (ne pas pouvoir) venir au spectacle avec nous demain.

4. Les hôteliers craignaient que le mauvais temps de ces derniers jours ne _____ (faire) fuir le peu de touristes qui restait.

5. Je m'étonne qu'elles _____ (se taire) lorsque je suis arrivé.

Note :   /5 points

TOTAL :   /10 points

18 **Associez les phrases aux données ci-dessous.**

1. Si tu connais quelqu'un qui sache réparer cette machine, appelle-le.

2. Y a-t-il quelque chose qui soit plus important que le bonheur ?

3. Je recherche une secrétaire qui connaisse le russe, le japonais et le portugais.

4. Il n'y a rien qui vaille la peine de se fatiguer autant.

5. C'est le meilleur livre que cet auteur ait écrit depuis longtemps.

On trouve le subjonctif dans la proposition subordonnée

a. quand l'antécédent est indéterminé ou précédé d'un indéfini.

b. quand la proposition principale est à la forme négative.

c. quand la proposition principale est à la forme interrogative.

d. quand la proposition principale est à la forme hypothétique.

e. quand la proposition principale introduit l'idée de restriction ou des superlatifs.

1./_____ **2./**_____ **3./**_____ **4./**_____ **5./**_____

Note : /5 points

19 **Soulignez la forme qui convient.**

1. *Le Rouge et le Noir* est-il le seul roman de Stendhal que *vous ayez lu/avez lu* ?

2. Le Louvre est le plus beau musée que *j'ai visité/aie visité*.

3. Je cherche quelqu'un qui *puisse/peut* me renseigner.

4. Il n'y a personne qui *veut/veuille* m'accompagner à cette exposition de photos.

5. Il n'y a que mon mari qui m'*ait soutenue/a soutenue* lorsque j'ai eu des problèmes avec la justice.

Note : /5 points

TOTAL : /10 points

2. La cause

1 Rébus. Retrouvez 6 conjonctions exprimant la cause et toujours suivies de l'indicatif.

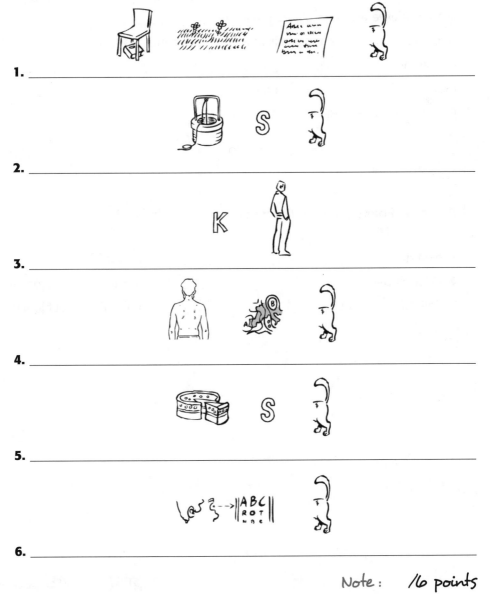

1. _____

2. _____

3. _____

4. _____

5. _____

6. _____

Note : /6 points

2 **Charade.**

Mon premier est une interjection qui sert à appeler quelqu'un. _____

Mon deuxième est une durée considérée comme une quantité

mesurable. _____

Mon troisième est une note de musique. _____

Mon quatrième est la partie saillante du visage entre la bouche

et le front. _____

Mon cinquième est un pronom relatif. _____

Mon tout est une conjonction de cause. _____

Note : /1 point

3 **Cochez la bonne réponse. Ces mots sont suivis de l'indicatif ou du subjonctif ?**

1. Non que... _____ indicatif ☐   subjonctif ☐

2. Ce n'est pas que... _____ indicatif ☐   subjonctif ☐

3. Soit que... soit que... _____ indicatif ☐   subjonctif ☐

Note : /3 points

TOTAL : /10 points

4 **Reliez les éléments pour en faire des phrases.**

1. Il ne s'est pas rendu
   à son rendez-vous •

2. Puisque votre voiture
   est en réparation, •

3. Du fait que les autoroutes
   sont souvent embouteillées, •

4. Elle a provoqué un accident •

5. Étant donné que vous devez
   partir de bonne heure, •

• **a.** couchez-vous tôt ce soir.

• **b.** parce qu'elle roulait vite.

• **c.** sous prétexte qu'il était tombé
   en panne d'essence.

• **d.** prenez la mienne.

• **e.** nous préférons voyager en train.

Note :   /5 points

5 **Complétez les phrases suivantes avec *vu que, comme, d'autant plus que, du moment que, d'autant moins que.***

1. _____ la SNCF est en grève, je vais prendre l'avion.

2. Elle a fait _____ attention au panneau de déviation,
   _____ elle connaissait parfaitement le chemin.

3. Je ne prendrai pas le boulevard périphérique _____
   il est en travaux.

4. Mon fils a été _____ surpris par le mauvais temps,
   _____ il avait pris la route, au petit matin, sous un soleil radieux.

5. _____ tu savais que la chaussée était glissante,
   il fallait conduire avec prudence.

Note :   /5 points

TOTAL :   /10 points

6 **Complétez avec** *ce n'est pas que, non que, soit … que/soit … que.*

1. Si elle a échoué à ses examens oraux _____ elle n'ait

pas assez travaillé, mais c'est parce qu'elle n'a pas su surmonter sa timidité.

2. Patrick ne suit plus les cours à l'université de la Sorbonne _____

_____ il ne les apprécie pas, mais il est parti étudier à l'étranger.

3. Monsieur Dupré n'est pas venu à la réunion, _____

il ait oublié la date, _____ il ait eu un contretemps.

4. Je ne suis pas encore inscrite à la faculté, _____

je ne veuille pas le faire, mais seulement parce que je n'ai pas encore trouvé

le temps.

5. _____ j'aie voulu vous blesser, mais j'ai préféré vous

dire la vérité.

Note :   /5 points

7 **Mettez la forme qui convient.**

1. Nous sommes en retard, non que nous _____ (avoir)

une panne de voiture, mais nous avons rencontré des amis à la station-service.

2. Si j'ai pris le métro, ce n'est pas parce que je _____

(vouloir) arriver plus tôt, mais il y avait la grève des taxis.

3. Elle n'a pas envie de sortir, ce n'est pas qu'il _____

(faire) froid, mais elle est très fatiguée.

4. Mes parents ont quitté Paris, non que cette ville leur _____

(déplaire), mais ils préfèrent vivre au bord de la mer.

5. Cette année, nous ne partirons pas en vacances, ce n'est pas parce que

nous _____ (ne pas le souhaiter) , mais nous rénovons

notre maison.

Note :   /5 points

TOTAL :   /10 points

8 **Complétez avec *pour, de, sous prétexte de, à force de, faute de.***

1. Les footballeurs français ont perdu leur titre européen _____

_____ avoir sous-estimé leurs adversaires.

2. _____ courir et de s'entraîner chaque jour, il a réussi

à obtenir un bon classement au dernier championnat.

3. Les nageurs sont ravis _____ devoir séjourner dans

un campus proche de la piscine olympique.

4. Je n'ai pas pu acheter de billets pour le match _____

avoir trop tardé.

5. Il prétend ne pas avoir disputé la rencontre de basket _____

_____ avoir une douleur à la jambe depuis deux jours.

Note : /5 points

9 **Exprimez la cause. Terminez ces phrases en employant
des verbes à l'infinitif.**

1. J'ai raté mon permis de conduire pour _____

_____

2. Mes parents sont furieux de/d' _____

_____

3. Ils ont triomphé de toutes les difficultés à force de/d' _____

_____

4. Elle a échoué à son bac faute de/d' _____

_____

5. Il ne lui écrivait plus sous prétexte de/d' _____

_____

Note : /5 points

TOTAL : /10 points

10 **Transformez ces phrases exprimant la cause en employant une autre expression causale : le gérondif.**

1. Comme elle a travaillé tout l'été, elle a réussi à financer son voyage en Australie.

_____

2. Parce qu'il refusait de voir la réalité, il n'a pas su faire face aux problèmes.

_____

3. Il n'a pas pu commettre ce vol puisqu'il était absent ce jour-là.

_____

4. Ma fille s'est perdue en montagne vu qu'elle est partie en randonnée sans guide.

_____

5. Bruno a perdu trois kilos en un mois parce qu'il nageait chaque jour.

_____

Note : /5 points

11 **Complétez avec le participe présent des verbes entre parenthèses.**

1. _____ (parler) habituellement très vite, personne ne la comprend.

2. _____ (boire) en général peu d'alcool, elle n'est jamais ivre.

3. _____ (étudier) régulièrement, il obtient toujours de bons résultats.

4. _____ (lire) trois journaux par jour, il ne peut être qu'informé.

5. _____ (danser) parfaitement le tango, le couple n° 8 a été sélectionné pour la finale.

Note : /5 points

TOTAL : /10 points

12 **Soulignez les prépositions qui peuvent être suivies d'un nom ou d'un infinitif.**

à force de – de – à cause de – à la suite de – en raison de – pour – sous prétexte de – grâce à – faute de

Note : /4 points

13 **Reliez les éléments pour en faire des phrases.**

- **a.** retard de sa montre, il est arrivé après la fermeture du bureau.

1. Par suite des • • **b.** verglas les routes sont dangereuses.

2. À cause du • • **c.** bon enneigement des stations de sports d'hiver, la saison touristique est positive.

3. Sous prétexte du •

4. En raison de la • • **d.** inondations, l'autoroute A8 sera coupée sur cinq kilomètres.

5. Grâce au •

- **e.** sécheresse, l'arrosage des jardins et le lavage des voitures sont interdits.

Note : /5 points

14 **Choisissez la bonne préposition qui s'utilise généralement après un verbe qui traduit un état physique particulier.**

Nous tremblions *à /par /de /avec* peur à l'idée de le revoir.

Note : /1 point

TOTAL : /10 points

15 **Choisissez, pour chaque phrase, la locution prépositive qui semble la mieux appropriée.**

1. Ce restaurant est réputé _____ sa grande cuisine.

2. _____ temps, nous n'avons pas rendu visite à nos cousins.

3. _____ patience, il a réussi à obtenir une promotion.

4. _____ subventions, ce projet ne verra pas le jour.

5. Elle a pleuré _____ joie à la naissance de sa petite-fille.

Note :   /5 points

16 **Transformez les phrases suivantes exprimant la cause en utilisant** *à, par, sous, devant, pour* **et un nom.**

1. La police a ouvert le feu parce que les bandits résistaient.

_____

2. L'employé de banque a remis la clef du coffre parce qu'il était menacé par les cambrioleurs.

_____

_____

3. Il a été condamné parce qu'il avait tué une jeune fille.

_____

4. C'est parce qu'elle est charitable qu'elle a aidé le blessé.

_____

5. La victime a été confrontée à son agresseur parce qu'elle l'avait demandé.

_____

_____

Note :   /5 points

TOTAL :   /10 points

17 **Complétez avec la conjonction de coordination *car* ou avec la locution adverbiale *en effet*.**

1. En France, le mois de mai est particulièrement riche en jours fériés. _____ _____ , au 1er mai qui célèbre la fête du travail et au 8 mai qui commémore l'armistice de 1945, s'ajoutent le jeudi de l'Ascension et le lundi de la Pentecôte.

2. En 1936, date des premiers congés payés, les salariés avaient deux semaines de vacances ; aujourd'hui, ils bénéficient de cinq semaines de congés payés qu'ils répartissent sur l'année _____ la loi interdit de les cumuler.

3. Les femmes contribuent largement au budget du ménage _____ elles apportent, aujourd'hui, 49 % du revenu familial.

4. Le nombre de chômeurs âgés de plus de 50 ans augmente régulièrement _____ les employeurs préfèrent engager des jeunes, mieux formés aux nouvelles technologies et moins bien payés, du fait de leur jeune âge.

5. Le mot salaire vient du latin *sal* qui signifie "sel". _____ , on payait autrefois les soldats en leur donnant une ration de sel.

Note : /5 points

18 **Marquez l'intensité ou la répétition en rayant ce qui ne convient pas.**

1. Il a renoncé à prendre le bus *car / puisqu'/ tellement* il était bondé.

2. Les municipalités s'efforcent de développer les transports en commun *tant / parce que /comme* la pollution et les embouteillages s'accroissent.

3. Nous avons abandonné l'idée d'acheter une voiture *étant donné que / tellement / vu que* les dépenses d'un véhicule personnel sont importantes.

4. La SNCF met en place une politique commerciale qui essaie d'attirer de nouveaux usagers *tant / d'autant que / sous prétexte que* les tarifs aériens ont baissé pour certaines destinations.

5. Il a été condamné à une peine de prison et à une forte amende *car / du fait qu'/ tellement* il fraudait dans les transports publics.

Note : /5 points

TOTAL : /10 points

3. La conséquence et le but

La conséquence

1 **Trouvez la conséquence.**

1. Il a la migraine, alors _____.

2. Son alimentation était beaucoup trop riche, par conséquent _____

_____.

3. Elle a gardé le lit toute la journée, c'est pourquoi _____

_____.

4. Pour soulager ses douleurs, on va lui faire une série de piqûres, donc _____

_____.

5. Son médecin lui a prescrit un nouveau traitement, en conséquence _____

_____.

Note :   /5 points

2 **Reliez les éléments pour en faire des phrases.**

1. L'entreprise dans laquelle travaillait monsieur Martin a fermé aussi •	• **a.** a-t-elle contracté un emprunt à la banque.
2. Le chômage progresse en France ainsi •	• **b.** s'est-il retrouvé au chômage.
3. Le marché de l'automobile est en expansion de là •	• **c.** la disparition du franc, en juillet de cette même année.
4. Elle a l'intention de créer sa société aussi •	• **d.** les gens sont-ils mécontents.
5. En 2002, l'euro fit son apparition en Europe d'où •	• **e.** l'augmentation des embauches dans ce secteur.

Note :   /5 points

TOTAL :   /10 points

3 **Cochez les phrases qui expriment la conséquence.**

1. Elle a bavardé et chahuté toute la matinée en classe, de telle façon
que le professeur l'a punie en lui donnant deux heures de retenue. ☐

2. Il a échoué plusieurs fois à son examen de biologie si bien
qu'il a révisé l'intégralité des cours de ces deux dernières années. ☐

3. Ils ont été reçus à ce concours bien qu'ils aient obtenu une note
en dessous de la moyenne. ☐

4. Les filles sont globalement plus nombreuses que les garçons
dans les universités de sorte que le taux de scolarisation des femmes
a dépassé celui des hommes. ☐

5. Il a multiplié les démarches administratives de telle manière qu'une
bourse d'études lui a été accordée pour financer son année universitaire. ☐

6. Cet étudiant suit un enseignement par correspondance de sorte
qu'il puisse travailler la journée. ☐

7. Le conférencier élève la voix de manière à ce que le public l'entende
au fond de l'amphithéâtre. ☐

8. La démocratisation de l'enseignement a ouvert les portes
de l'université aux enfants de classes moyennes et défavorisées
si bien qu'ils représentent 15 % des étudiants. ☐

9. Le professeur a relu le texte de façon à ce qu'il apparaisse beaucoup
plus clair aux élèves. ☐

Note :   /5 points

4 **Complétez avec *de telle manière que, de telle façon qu', de telle sorte qu', si bien qu', de sorte que.***

1. Elle s'habillait et se maquillait _____ tous les hommes se retournaient à son passage.

2. J'ai lavé mon pull à l'eau chaude _____ il a rétréci.

3. Cette jupe noire est coupée _____ elle allonge bien la silhouette.

4. Son ourlet était très mal fait _____ sa robe traînait sur le sol.

5. Marie marchait et portait ses vêtements _____ on pensait qu'elle était mannequin.

Note :   /5 points

TOTAL :   /10 points

5 **Observez, puis complétez le tableau suivant en y classant les phrases qui expriment l'intensité.**

1. Elle est tellement timide qu'elle ne pourra jamais faire du théâtre.

2. Les critiques ont écrit des articles si élogieux sur ce film qu'il a remporté un énorme succès auprès du public.

3. On joue cette pièce depuis tellement longtemps, que ce soir c'est sa trois-centième représentation.

4. Il a si bien interprété ce rôle qu'il pourrait être nommé aux Césars.

5. J'ai tellement aimé ce spectacle de danse que je suis retourné le voir plusieurs fois.

avec un ADJECTIF	avec un ADVERBE	avec un VERBE
si ... *que* + adjectif _____ *tellement* ... *que* + adjectif _____	*si* ... *que* + adverbe _____ *tellement* ... *que* + adverbe _____	*tellement* ... *que* + verbe _____

Note : /3 points

6 **Mettez les verbes entre parenthèses à la forme qui convient.**

1. Il n'est pas si honnête qu'on _____ (pouvoir) le croire.

2. Êtes-vous si distrait que vous ne _____ (s'apercevoir) de rien ?

Note : /2 points

7 **Complétez avec *tant* … *que, tant d'* … *que, telle* … *que, telles* … *que, tellement de* … *que.***

1. Mon grand-père a une _____ connaissance de l'orthographe _____ nous faisons toujours appel à lui pour repérer nos fautes.

2. J'ai _____ étudié aujourd'hui _____ je vais me coucher tôt.

3. Vous avez _____ facilités _____ vous pourrez faire carrière dans la médecine.

4. Elle a reçu de _____ propositions _____ le plus grand cabinet d'avocats de New York l'a contactée.

5. Tu as _____ amis dans cette profession _____ tu n'auras aucun mal à trouver un emploi.

Note :   /5 points

TOTAL :   /10 points

8 **Transformez les phrases pour utiliser les conjonctions et les prépositions de conséquence entre parenthèses marquant l'intensité.**

1. Elle était si amoureuse de lui qu'elle a quitté sa famille, ses amis et son pays pour le suivre. (au point de)

_____

2. Mon frère a eu tellement de chagrin qu'il en est tombé malade. (jusqu'à)

_____

3. Il l'avait tant trompée qu'elle le quitta malgré les difficultés qui l'attendaient. (à tel point que)

_____

4. Mon amie est tellement triste qu'elle en a perdu l'appétit. (à)

_____

5. Les enfants ont tant pleuré lors du départ de leur père qu'il leur a promis de rentrer dès le lendemain. (au point que)

_____

Note : /5 points

9 **Reliez les éléments pour en faire des phrases.**

1. Il lit, voyage, étudie •

2. Vous n'écoutez jamais la radio •

3. Nous lisons la presse •

4. Elle suit l'actualité internationale de près •

5. Essaie de regarder un match de football à la télévision •

• **a.** tant et si bien que nous n'avons pas besoin de regarder les chaînes d'information.

• **b.** tant et tant qu'il est très cultivé.

• **c.** aussi pourra-t-elle répondre à tes questions sur la Namibie.

• **d.** tant et si bien que vous ne connaissez ni la chanson ni la musique actuelles.

• **e.** ainsi comprendras-tu pourquoi j'aime ce sport.

Note : /5 points

TOTAL : /10 points

Le but

10 **Reliez les couples de phrases en choisissant parmi les mots suivants celui qui vous semble le mieux approprié :** *pour, de manière à, afin d', afin qu', de façon à ce qu', pour que.*

1. Sophie fait un séjour d'un mois en Angleterre. Elle veut améliorer son anglais.

_____

_____

2. Son amie italienne lui parle lentement. Il peut la suivre dans son raisonnement.

_____

_____

3. Tu dois suivre un cours. Tu feras des progrès.

_____

_____

4. Ses parents l'ont logé chez l'habitant. Il sera obligé de communiquer en espagnol.

_____

_____

5. Paul prépare cet examen. Il veut obtenir un poste à l'étranger.

_____

_____

6. Parlez français. Nous vous comprendrons.

_____

_____

Note : /6 points

11 Quelle différence oppose *afin que, de façon à ce que, pour que* aux autres mots qui servent à exprimer le but ?

_____

Note : /2 points

12 Quelle différence oppose *en vue de* aux autres mots qui servent à exprimer le but ?

_____

Note : /1 point

13 Quel est le mot le plus couramment utilisé en français pour exprimer le but ?

_____

Note : /1 point

TOTAL : /10 points

14 **Imaginez une suite ou un début pour chacun des éléments suivants :**

1. Je n'achèterai jamais de scooter à mes enfants de peur que _____

2. La SNCF ne changera pas ses tarifs de crainte que _____

_____

3. _____

de peur de ne pas arriver à l'heure.

4. _____

de crainte d'une augmentation du trafic aérien.

5. Les habitants de ce quartier ont signé une pétition de peur de _____

_____

Note : /5 points

15 **Remettez ces phrases dans l'ordre.**

1. reconnue – actrice – peur – être – d' – porte – Cette – des – noires – lunettes – de. _____

2. que – soient – spectateurs – ne – mécontents – les – crainte – La – a – reportée – représentation – été – de. _____

_____

3. verrai – exposition – Je – cette – de – il – trop – n' – de – ait – y – peur – qu' – monde – soirée – en. _____

_____

4. malentendu – Elle – répété – a – lui – nom – peur – théâtre – le – de – un – d' – du. _____

5. voie – de – peur – qu' – ne – le – on – est – Il – par – autre – l' – porte – sorti. _____

Note : /5 points

TOTAL : /10 points

16 **Reliez les éléments pour en faire des phrases. Puis soulignez ce qui marque l'intensité et le but.**

1. Il ne fait pas suffisamment chaud •

2. Les orages sont trop fréquents en montagne •

3. Il a plu assez fort •

4. La température a trop peu augmenté •

5. Le soleil brille suffisamment l'hiver •

• **a.** pour que je puisse jardiner.

• **b.** pour qu'on se déplace en deux roues.

• **c.** pour que vous puissiez vous baigner dans le lac.

• **d.** pour que nous envisagions d'y camper en été.

• **e.** pour que le jardin soit bien arrosé.

Note : /5 points

17 **Complétez le tableau suivant.**

Trop avec ADJECTIF ou _____ ou _____ *pour que*
Trop peu avec _____ ou _____ ou ADVERBE *pour que*
Assez avec _____ ou _____ ou _____ *pour que*
Suffisamment avec _____ ou VERBE ou _____ *pour que*
Trop de avec _____ *pour que*

Note : /5 points

TOTAL : /10 points

18 **Réunissez le couple de phrases en y introduisant le terme d'intensité entre parenthèses et en y apportant les transformations nécessaires.**

1. Il y a du monde à ce concert. On ne peut pas être bien placés. (trop)

_____

2. Ces parents ont peu d'argent. Leurs enfants ne pourront pas partir en classe de neige. (assez)

_____

3. Est-ce qu'il vous reste de la monnaie ? Nous ne pouvons pas payer le parking. (suffisamment)

_____

4. Elle fait peu de sport. On ne peut pas l'aider à maigrir. (trop)

_____

5. Vous refusez beaucoup de travail. Nous ne pouvons plus vous faire confiance. (trop)

_____

Note :   /5 points

19 **Inventez des phrases construites avec les termes de but et d'intensité suivants :**

1. _____ trop _____ pour _____
_____.

2. _____ assez de _____ pour _____
_____.

3. _____ suffisamment pour _____.

4. _____ trop peu pour _____.

5. _____ assez _____ pour _____
_____.

Note :   /5 points
TOTAL :   /10 points

4. L'opposition et la concession

1 Soulignez les phrases de ce texte qui expriment l'opposition
et l'opposition/concession.

Le 1er avril, c'est le jour des plaisanteries et des blagues, bien qu'elles soient
autorisées toute l'année. On dit "poisson d'avril" aux personnes à qui on a fait
une farce. Les enfants accrochent des poissons en papier dans le dos de leurs
camarades et à leur insu. Tandis que les journaux, la radio et la télévision
annoncent de fausses nouvelles. En dépit de votre vigilance, ce jour-là il est
facile de tomber dans le piège. Même si l'origine de cette fête n'est pas
déterminée avec précision, elle est pratiquée dans plusieurs pays.

Note :   /4 points

2 Complétez avec *alors que, tandis que, quand, si, même si, quand bien même*.

1. Je ne te pardonnerai jamais ton oubli pour la Saint-Valentin _____
tu m'achèterais un bijou de grande valeur.

2. Le 31 décembre, à minuit exactement, les Français s'embrassent "sous le
gui", plante que l'on accroche au-dessus des portes et qui porte bonheur pour
le Nouvel An. _____ les espagnols mangent un grain de raisin à chaque
coup de minuit.

3. Le 25 novembre, les femmes célibataires de plus de 25 ans font une fête et
portent des chapeaux farfelus. _____ cette coutume, qui avait disparu,
revient au goût du jour, elle est peu pratiquée.

4. _____ la fête des Mères est commerciale, elle est également un
témoignage d'amour.

5. Nous célébrons Noël et le Jour de l'An autour d'une table abondante
_____ bien des gens ne mangent pas à leur faim.

6. Pâques est une fête religieuse _____ le 14 juillet est une fête civile.

Note :   /6 points

TOTAL :   /10 points

3 Soulignez l'élément exprimant l'opposition/concession.

1. *Depuis que / Bien que / De sorte que* les enfants aient un bon professeur de piano, ils ont du mal avec cet instrument.

2. Il persiste à prendre des leçons de violon *quoique / tant et si bien que / si bien que* son conservatoire soit éloigné de son domicile.

3. Elle a fait beaucoup de progrès *de crainte qu' / encore qu' / afin qu'*elle ait échoué à son examen.

4. Il m'a invité à participer à la fête de la musique *tant et tant que /au point que / sans que* je sache jouer d'un instrument.

5. Mes parents ont assisté à un concert de jazz *pour qu' / quoiqu' / de telle façon qu'*il n'y ait que des disques de musique classique chez eux.

Note : /5 points

4 Reliez les éléments pour en faire des phrases.

1. Qui que •   • **a.** soit l'heure, téléphone-moi.

2. Quoi que •   • **b.** soit le problème, ne lui dites rien.

3. Où que •   • **c.** tu aimes, nous l'accepterons.

4. Quel que •   • **d.** tu dises, elle ne te pardonnera jamais.

5. Quelle que •   • **e.** nous allions, elle vient avec nous.

Note : /5 points

TOTAL : /10 points

5 **Complétez avec** *quoique, quoi que, quelles que, quels que, qui que.*

1. _____ soient les transports publics, je ne les prends jamais.

2. Nous voyageons en bateau _____ nos enfants aient le mal de mer.

3. _____ tu appelles, leur agence est toujours sur répondeur.

4. Il sera malade en voiture _____ tu lui donnes.

5. _____ soient leurs prestations, les compagnies aériennes se valent toutes.

Note : /5 points

6 **Reliez les éléments pour en faire des phrases.**

1. Si compétant qu'il soit •

2. Aussi intelligente qu'elle soit •

3. Si drôle que soit son spectacle •

4. Aussi mauvais que soient leurs résultats scolaires •

• **a.** ils ont été reçus à l'examen.

• **b.** sa société a fait faillite.

• **c.** la critique n'est pas élogieuse.

• **d.** son problème de mathématiques n'a pas été résolu.

Note : /4 points

7 **Rébus. Retrouvez et soulignez l'élément marquant l'opposition/concession.**

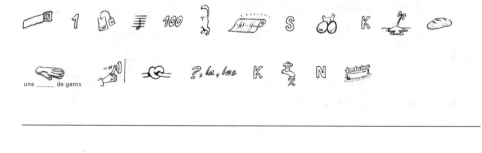

une _____ de gants

_____

_____

Note : /1 point

TOTAL : /10 points

8 **Complétez avec** *malgré, en revanche, néanmoins, en dépit des,*
à l'inverse de.

1. La consommation de pain et de vin est en baisse. _____,
les Français restent attachés à leurs traditions culinaires.

2. Les jeunes sont attirés par la restauration rapide, _____
leurs parents, qui préfèrent le traditionnel sandwich.

3. Le petit déjeuner reste frugale _____ campagnes
d'informations sur l'alimentation équilibrée.

4. _____ un certain talent culinaire, il a du mal à percer dans
la restauration.

5. Les Français apprécient la cuisine étrangère, _____ ils
choisiront un bon restaurant français pour fêter une occasion particulière.

Note : /5 points

9 **Donnez un début ou une fin à ces phrases.**

1. Cette histoire est très belle cependant _____
_____.

2. _____
_____ toutefois il a beaucoup d'humour.

3. Il n'a aucun succès auprès des femmes malgré _____
_____.

4. _____
_____ à l'inverse des autres.

5. À défaut de télévision _____
_____.

Note : /5 points

TOTAL : /10 points

10 **Remettez dans l'ordre les éléments proposés pour en faire une phrase.**

1. sans – elle a gagné au casino – avoir joué de grosses sommes.

_____

2. elle part en week-end – défaut – prendre des vacances – à – de.

_____

3. quitte – j'achèterai une voiture – emprunter de l'argent – à.

_____

4. d' – au – j'aurais préféré travailler – lieu – être resté au chômage.

_____

5. au – il est monté dans le train sans billet – d' – risque – avoir à payer une amende.

_____

Note : /5 points

11 **Complétez avec _loin de, quitte à, au risque de, sans, au lieu de_.**

1. _____ changer de coiffure, teins-toi les cheveux.

2. _____ être dans l'opulence, nous avons les moyens de nous offrir une petite embarcation.

3. _____ lui en vouloir, il lui a acheté un cadeau.

4. _____ se brûler, il a saisi le plat encore chaud.

5. _____ choisir une bande dessinée, tu devrais prendre un roman d'aventures.

Note : /5 points

TOTAL : /10 points

12 Observez puis complétez le tableau suivant.

1. Bien que petit, il joue au basket.

2. Il conviendra pour ce poste, quoique un peu jeune.

3. Elle a travaillé jusqu'à 22 heures, quoique épuisée.

4. Même soucieuse, elle semble de bonne humeur.

5. Bien que menaçant la fête en plein air, l'orage n'a pas éclaté.

CONJONCTION + _____ ou CONJONCTION + _____ ou participe passé			
Bien que	+ petit	*Quoique* +	épuisée
_____	+ _____	*Bien que* + _____	
Même	+ _____		

Note : /6 points

13 Transformez ces phrases en utilisant les conjonctions entre parenthèses.

1. Malgré sa timidité, il saura se faire de nouveaux amis. (même si)

_____

2. En dépit de sa peur, elle a affronté le danger. (quoique)

_____

3. Même si elle a eu un accident de moto, elle roule toujours en deux roues. (bien que)

_____

4. Malgré sa beauté, elle ne parvient pas à trouver de fiancé. (bien que)

_____

Note : /4 points

TOTAL : /10 points

14 **Complétez les phrases en employant le gérondif avec les adverbes.**

1. Tout _____ (autoriser) les sorties le week-end, sa mère lui interdit
d'aller en boîte de nuit.

2. Même _____ (suivre) un régime, je n'arriverai jamais à perdre
dix kilos.

3. Tout _____ (aimer) la pâtisserie, elle refuse de manger cette tarte.

4. Même _____ (avoir) la migraine, elle joue au tennis.

Note :   /4 points

15 **Faites des phrases en employant l'expression *avoir beau*.**

1. Malgré notre âge, nous n'aurons aucune difficulté à faire ce sport
de combat.

_____

2. Bien qu'il ait de la chance, il n'a jamais gagné au loto.

_____

3. Même si elle s'habille chez les plus grands couturiers, elle n'a pas d'allure.

_____

4. Les touristes partent ; cependant l'été n'est pas fini.

_____

5. Il est inintéressant pourtant ce film a beaucoup de succès.

_____

6. Quoique vous soyez actif, vous devez vous ménager.

_____

Note :   /6 points

TOTAL :   /10 points

16 Cochez la ou les phrase(s) ayant le même sens que celle qui est proposée.

1. Il n'en fait qu'à sa tête quoi que vous lui fassiez comme remarques.

☐ **a.** Quelles que soient les remarques que vous lui fassiez, il n'en fait qu'à sa tête.

☐ **b.** Il n'en fait qu'à sa tête lorsque vous lui faites des remarques.

2. Quoiqu'elle ne sache ni lire ni écrire, elle travaille et élève seule ses enfants.

☐ **a.** Puisqu'elle ne sait ni lire ni écrire, elle travaille et élève seule ses enfants.

☐ **b.** Bien qu'elle ne sache ni lire ni écrire, elle travaille et élève seule ses enfants.

3. Quelles que soient vos conditions, j'accepte de vous engager.

☐ **a.** Peu importe vos conditions, j'accepte de vous engager.

☐ **b.** Quelles que puissent être vos conditions, j'accepte de vous engager.

4. On prétend qu'elle ne sait rien faire de ses dix doigts. Il n'empêche qu'elle a repeint tout son appartement.

☐ **a.** On prétend qu'elle ne sait rien faire de ses dix doigts, c'est pourquoi elle a repeint tout son appartement.

☐ **b.** On prétend qu'elle ne sait rien faire de ses dix doigts, or elle a repeint tout son appartement.

5. Il serait riche et beau que nulle femme ne pourrait vivre avec lui.

☐ **a.** Même s'il était riche et beau, nulle femme ne pourrait vivre avec lui.

☐ **b.** Il a beau être riche et beau, nulle femme ne pourrait vivre avec lui.

Note :   /5 points

17 Mettez la forme verbale qui convient.

1. Quelque soumise qu'elle _____ (paraître), c'est elle qui dirige la maison.

2. Tout paresseux qu'il _____ (être), il peut abattre beaucoup de travail.

3. Quelque sportifs qu'ils _____ (être), ils ont abandonné la course.

4. Tout aimable que son frère _____ (pouvoir) être, il m'a répondu sèchement.

5. Quelque habile qu'elle _____ (vouloir) paraître, elle échouera.

Note :   /5 points

TOTAL :   /10 points

5. Le passif

■ Cochez les phrases au passif.

1. Le cinéma a été inventé par les frères Lumière. ☐

2. Les acteurs ont été félicités par le ministre de la Culture. ☐

3. Le cinéma est situé sur le boulevard Gambetta. ☐

4. Les résultats du palmarès seront connus demain soir. ☐

5. Ce film est passé dans 700 salles françaises. ☐

6. Toute l'équipe du film se serait rendue au festival de Cannes. ☐

7. Le metteur en scène s'est excusé pour son retard. ☐

8. Le documentaire sera projeté en avant-première la semaine prochaine. ☐

9. Le roman *Les Liaisons dangereuses* a été adapté plusieurs fois au cinéma. ☐

10. C'est grâce à *La Boom* que Sophie Marceau est devenue célèbre. ☐

11. Elles avaient été bouleversées par la fin du film. ☐

12. Une copie neuve vient d'être faite. ☐

Note :   /7 points

■ Cochez vrai ou faux.

1. Le passif se forme avec : *être* conjugué + participe passé
(+ *par* ou *de* + sujet logique.)   vrai ☐   faux ☐

2. Le participe passé s'accorde avec le C.O.D
s'il est placé avant le verbe.   vrai ☐   faux ☐

Note :   /2 points

3 Rébus. Retrouvez une phrase à la forme passive.

A   *21 ou 22 juin*

L   2024   100   D   HUE   RIZ

Note :   /1 point

TOTAL :   /10 points

4 **Mettez les phrases suivantes à la forme active.**

1. J'ai été déçu par ce film.

_____

2. Ces cinéastes avaient été salués par la critique.

_____

3. Le contrat vient d'être signé par le producteur.

_____

4. Le tournage de la dernière scène aurait été retardé par le mauvais temps.

_____

5. Alain Delon est invité au festival du film policier.

_____

Note : /5 points

5 **Mettez les phrases suivantes à la forme passive.**

1. L'architecte et décorateur Paul Guimard a réalisé les entrées de métro de style _Art Nouveau_.

_____

2. La mairie de Paris organise une randonnée en rollers dans les rues de la capitale.

_____

3. La police municipale va assurer la sécurité du métro.

_____

4. Un rassemblement de motards sur la place de La Bastille perturbera la circulation.

_____

5. Les départs en week-ends ont causé des embouteillages sur les autoroutes A1 et A2.

_____

Note : /5 points

TOTAL : /10 points

6 **Charades. Retrouvez deux verbes qui n'existent qu'à la forme passive.**

1. Mon premier est un arbre. _____

Mon deuxième coule dans les veines. _____

Mon troisième est la deuxième consonne de l'alphabet. _____

Mon tout signifie *être supposé*. _____

2. Mon premier est synonyme d'humain. _____

Mon deuxième est le participe passé de *tenir*. _____

Mon troisième est le chiffre du couple. _____

Mon tout signifie *être dans l'obligation*. _____

Note :   /2 points

7 **Passez de l'actif au passif.**

1. Le directeur de l'école a présidé la séance.

_____

2. Une panne de courant a interrompu la réunion des parents d'élèves.

_____

3. Les gains de la kermesse financeront le voyage de fin d'année.

_____

4. La mairie paierait une centaine de livres de bibliothèque pour la rentrée scolaire.

_____

5. Les parents vont distribuer les prospectus.

_____

6. Les professeurs en grève avaient occupé l'école pendant trois jours.

_____

7. Ses camarades de classe applaudissaient Clémentine, déguisée en clown.

_____

8. Un violent incendie aurait ravagé les locaux sportifs du collège.

_____

Note :   /8 points

TOTAL :   /10 points

8 **Complétez les phrases suivantes avec *par*, *de* ou *d'*.
Parfois deux possibilités.**

1. La cérémonie du mariage sera suivie _____ un vin d'honneur
au Château Duclos.

2. Les mariés étaient estimés _____ tous leurs invités.

3. Le menu sera élaboré et préparé _____ un traiteur.

4. La date du mariage est connue _____ tous.

5. La robe de la mariée a été créée _____ un grand couturier.

6. La salle de réception était décorée _____ fleurs.

Note : /6 points

9 **Reliez les éléments pour en faire des phrases.**

1. Le dîner a été précédé •   • **a.** de photographes.

2. À la sortie de l'église, les mariés   • **b.** par le député-maire.

étaient entourés •   • **c.** d'une séance

3. Le couple sera accompagné •   de photos.

4. La cérémonie a été célébrée •   • **d.** de leurs enfants.

Note : /4 points

TOTAL : /10 points

10 **Transformez ces titres de journaux en utilisant des phrases avec un verbe à la voix passive.**

1. Transfert prochain de l'avant-centre de Monaco.

_____

2. Privatisation de la compagnie aérienne _Air Tour_.

_____

3. Arrestation des cambrioleurs de la Banque de France.

_____

4. Commémoration de la déclaration des droits de l'homme dans tout le pays.

_____

5. Sélection officielle des skieurs de l'équipe de France.

_____

Note :   /5 points

11 **Répondez librement par des phrases passives lorsque c'est possible.**

1. Vous comptez prendre le petit déjeuner au bord de la piscine ?

_____

2. On vient de servir votre table ?

_____

3. Ils avaient réservé une table pour six personnes au nom de Delbarre ?

_____

4. Vous désirez dîner dans une salle fumeur ou non fumeur ?

_____

5. La direction de la société aurait-elle choisi un restaurant de renom ?

_____

Note :   /5 points

TOTAL :   /10 points

12 Mettez à la forme passive.

1. On a volé mon scooter.

_____

2. On vient d'engager une nouvelle secrétaire.

_____

3. On a découvert une bombe datant de la Seconde Guerre mondiale.

_____

4. On communiquera les résultats des examens demain.

_____

5. On va ouvrir un nouveau tronçon sur l'autoroute A1.

_____

Note : /5 points

13 Transformez ces titres d'articles en utilisant la forme passive puis active avec le pronom *on*. Attention, la transformation avec *on* n'est pas toujours possible.

1. Découverte d'un cadavre dans la forêt de Fontainebleau.

_____

_____

2. Cambriolage d'une bijouterie de la place Vendôme par deux adolescents.

_____

_____

3. Détournement d'un avion d'*Alitair*.

_____

_____

4. Signature d'un contrat entre deux géants de l'industrie automobile.

_____

_____

5. Enlèvement d'un enfant de 10 ans sur le chemin de l'école.

_____

_____

Note :   /5 points

TOTAL :   /10 points

14 **Complétez les réponses en choisissant le subjonctif présent ou passé à la voix passive.**

1. Ses grands-parents ont pris ses études en charge ?

– Non, je ne crois pas que ses études_____.

2. L'État a classé son université monument historique ?

– Je doute que son université _____.

3. Pierre souhaite que ses parents conservent l'original de son diplôme ?

– Oui, il aimerait que l'original de son diplôme _____.

4. Accepte-t-il que vous preniez des décisions sans le consulter ?

– Non, il déteste que des décisions _____.

5. M. Deschamps a annulé les cours du 1er au 7 décembre ?

– Il ne me semble pas que les cours _____.

Note : /5 points

15 **Transformez ces phrases en utilisant une forme pronominale.**

1. Cette année, les fruits et légumes ont été vendus à des prix très élevés.

_____

2. Les tomates doivent être achetées uniquement en saison.

_____

3. Les pâtes sont cuisinées avec des sauces très élaborées.

_____

4. Le champagne doit être bu frappé.

_____

5. Ces vieilles recettes ont été transmises de mère en fille.

_____

Note : /5 points

TOTAL : /10 points

16 **Trouvez l'équivalent en utilisant les verbes entre parenthèses.**

1. Il a été arrêté par la sécurité du supermarché. (se faire) =

Il _____.

2. Elle s'est laissé prendre en flagrant délit de vol par les vigiles du magasin. =

Elle _____.

3. Le policier a entendu les habitants du quartier l'injurier. (s'entendre) =

Le policier _____.

4. Les secours se sont fait attendre sur le lieu de l'accident. =

Les secours _____.

5. Mon fils a été renvoyé de son lycée. (se faire) =

Mon fils _____.

Note :   /5 points

17 **Trouvez les adjectifs en *-able* et en *-ible* qui expriment le passif.**

1. Votre conduite est _____ = Votre conduite ne peut pas

être tolérée.

2. Son agressivité est _____ = Son agressivité ne peut pas

être acceptée.

3. Cette eau est _____ = Cette eau peut être bue.

4. Leurs réactions sont _____ = Leurs réactions peuvent

être comprises.

5. Ses réactions sont _____ = Ses réactions ne peuvent pas

être prévues.

Note :   /5 points

TOTAL :   /10 points

6. Les temps du passé de l'indicatif – Le passé simple

1 Retrouvez les verbes suivants dans la grille et dites à quel temps ils sont conjugués.

1. *manger* : 3ᵉ personne du singulier   MANGEA _____

2. *venir* : 2ᵉ personne du pluriel   VENIEZ _____

3. *finir* : 2ᵉ personne du pluriel   FINÎTES _____

4. *devoir* : 1ʳᵉ personne du singulier   DEVAIS _____

5. *parvenir* : 3ᵉ personne du pluriel   PARVINRENT _____

V	U	A	B	V	E	F	V	A	M
E	D	D	F	I	N	I	A	V	A
N	U	V	O	N	T	N	N	A	N
A	R	E	I	T	R	I	T	I	G
M	A	N	G	E	A	T	E	S	E
A	I	I	N	S	R	E	Z	E	R
N	D	E	V	A	I	S	A	L	E
G	O	Z	P	V	I	E	N	D	N
P	A	R	V	I	N	R	E	N	T
O	C	U	D	E	V	R	A	I	S

Note :   /5 points

2 Rayez les intrus.

1. j'ai pris – j'aie vu – nous avons vécu – tu es né – ils ont offert – vous êtes parti – tu as souffert – elle est morte – vous avez vieilli – on a souri – nous ayons bu – je suis retourné – il ait passé – nous sommes descendus – elles sont restées

2. on avait mangé – j'étais rentré – vous seriez arrivé – nous étions associés – ils étaient revenus – j'avais chanté – tu étais allé – nous avions dîné – elle s'était endormie – tu avais ri – vous auriez dû – vous étiez sorti

Note :   /5 points

TOTAL :   /10 points

3 Réécrivez ces phrases à l'imparfait.

1. Au Moyen Âge, les femmes nobles occupent _____ une place non négligeable même si elles ne disposent pas _____ des mêmes droits qu'aujourd'hui.

2. Elles sont _____ souvent mariées dès l'âge de quinze ans en fonction d'un accord prévu de longue date entre les deux familles.

3. L'époux a _____ la jouissance des biens de sa femme, mais non la pleine propriété qu'elle garde _____ et transmet _____ à ses enfants.

4. Dans la vie privée, elle est _____ l'égale de son époux et participe _____ à la gestion de la maison et du domaine.

5. En l'absence du maître, elle prend _____ toutes les affaires en main et défend _____ son château assiégé.

Note : /5 points

4 Complétez ce dialogue en mettant les verbes au passé composé. Attention à l'accord du participe passé.

1. Cécile et Virginie, pour vous documenter sur la période du Moyen Âge, vous _____ (aller) à la bibliothèque ?

2. – Oui, nous y _____ (emprunter) des livres plus intéressants les uns que les autres. Cécile en _____ (choisir) plusieurs sur les Templiers. Quant à moi, je les _____ (consulter) sur place mais je _____ (s'offrir) un ouvrage sur l'amour courtois que j'avais repéré à la librairie.

Note : /5 points

TOTAL : /10 points

5 **Mettez les verbes entre parenthèses au plus-que-parfait.**

1. Elle _____ (être) malade durant tout le voyage avant
d'arriver fraîche et dispose à l'aéroport pour une conférence de presse.
2. Vous _____ (ne jamais prendre) l'avion avant de débarquer
à New York.
3. Nous _____ (décider) de séjourner à Naples deux mois
avant d'y vivre définitivement.
4. La veille de son départ, ses amis _____ (se réunir) pour
lui faire une surprise.
5. Cette compagnie aérienne _____ (appartenir) à son
grand-père avant sa mort.

Note :　　/5 points

6 **Mettez les verbes entre parenthèses aux temps qui conviennent.**

1. Dans l'océan Indien, l'île Maurice _____ (être) le pays des
dodos. Mais depuis 1680 environ, ils _____ tous _____ (disparaître),
mangés par les marins qui _____ (faire) escale sur l'île.
2. Le rapide couagga, mi-zèbre, mi-cheval _____ (vivre)
autrefois en bandes dans les vertes prairies d'Afrique du Sud. Chassé à la fois
pour sa chair et son étrange pelage, il _____ vite _____
(être exterminé).

Note :　　/5 points

TOTAL :　　/10 points

7 **Mettez les verbes à l'infinitif aux temps du passé qui conviennent.**

1. Les victimes _____ (ne pas reconnaître) l'homme qui

les _____ (agresser).

2. L'avocate _____ (ne pas entendre) les raisons de la fuite

de sa cliente, si bien qu'elle _____ (continuer) à l'interroger.

3. La police _____ (confirmer) les noms des suspects que

la presse _____ (révéler) la veille.

4. Elle _____ (être condamné) à la prison à perpétuité

car elle _____ (tuer) de nombreuses personnes.

5. Les inculpés _____ déjà _____ (être entendu) par

le juge qui les _____ (convoquer) dès la première heure

de la matinée.

Note :   /5 points

8 **Utilisez les temps du passé.**

1. Un incident que personne _____ (ne pas prévoir),

_____ (se produire) pendant le déroulement de la rencontre

France-Italie.

2. Grâce à la présence d'esprit des agents de sécurité qui _____

(être posté) un peu partout dans le stade, le public _____

_____ (ne s'apercevoir de rien) et le match _____

(s'achever) normalement.

Note :   /5 points

TOTAL :   /10 points

Le passé simple

9 Complétez les phrases suivantes en donnant les terminaisons manquantes du passé simple.

1. Les verbes du 1er groupe + *aller* : -ai, -as, -a, _____ , -âtes, -èrent.

2. Les verbes du 2e groupe et certains du 3e groupe :

   -is, -is, _____ , -îmes, -îtes, -irent.

3. D'autres verbes du 3e groupe :   -us, -us, -ut, -ûmes, -ûtes, _____ ou

   -ins, -ins, -int, -înmes, _____ , -inrent.

Note :   /4 points

10 Mots croisés. À l'aide des indications suivantes, conjuguez les verbes au passé simple.

1. *ouvrir* : 2e personne du pluriel

2. *vouloir* : 3e personne du pluriel

3. *venir* : 1re personne du pluriel

4. *ordonner* : 1re personne du singulier

5. *tomber* : 3e personne du pluriel

Note :   /5 points

11 Charade. Retrouvez un pronom personnel sujet et un verbe au passé simple. Puis donnez son infinitif.

Mon premier est le verbe *nouer* à la première personne

de l'impératif. _____

Mon deuxième recouvre le corps des volatiles. _____

Mon tout signifie éveiller l'amour, le désir de quelqu'un. _____

Note :   /1 point

TOTAL :   /10 points

12 **Rayez l'intrus.**

   1. ils espèrent – ils allèrent – ils appelèrent

   2. tu sues – tu sus – tu bus

   3. vous fîtes – vous dites – vous prîtes

   4. je plus – je lus – je lis

   5. tu cueillis – tu accueillis – tu recueillais

                                   Note :   /5 points

13 **Soulignez les verbes au passé simple. Donnez leur infinitif.**

   1. je crois _____

   2. je conclus _____

   3. je souris _____

   4. je vis _____

   5. je poursuis _____

   6. je crains _____

   7. je tins _____

   8. je teins _____

   9. je peins _____

                                       Note :   /4 points

14 **Rébus. Retrouvez un verbe au passé simple à travers cette phrase et donnez son infinitif.**

_____

_____

                                     Note :   /1 point

                                  TOTAL :   /10 points

15 **Mettez les verbes entre parenthèses au passé simple.**

Les Bonaparte

1. Napoléon Bonaparte _____ (être sacré) empereur sous le nom
de Napoléon Ier en 1804. Famille de petite noblesse à l'origine, les Bonaparte
_____ (devenir), grâce à lui, une famille de souverains et non de
rois. Ses frères et sœurs _____ (recevoir) des titres prestigieux.

2. Joseph, Louis et Jérôme _____ (être) rois de Naples et
d'Espagne, de Hollande, de Westphalie.

3. Après la chute de l'Empire en 1815, nombre de Bonaparte _____
_____ (se réfugier) en Italie. Fils unique de l'Empereur, Napoléon II,
que l'on _____ (surnommer) l'Aiglon et que l'on
_____ (proclamer) roi de Rome à sa naissance, _____
(mourir) à 21 ans.

4. Le neveu de Napoléon Ier – le troisième fils de Louis – qui _____
(occuper) le trône de 1852 à 1870 sous le nom de Napoléon III, _____
(être) le dernier souverain de l'histoire de France.

Note : /5 points (0,5 point par réponse)

16 **Conjuguez les verbes entre parenthèses au passé simple.**

1. Coralie _____ (faire) du théâtre puis _____ (prendre) des
cours de danse mais ses parents _____ (vouloir) lui donner des leçons
de chant. Finalement, elle _____ (se lancer) dans le cinéma.

2. Le magicien _____ (avoir) du mal à réaliser son tour de magie car
ses lapins _____ (se sauver) et _____ (prendre) place dans le
public. Il _____ (commencer) alors à jongler.

3. Ils _____ (être) heureux et _____ (avoir) beaucoup d'enfants.

Note : /5 points (0,5 point par réponse)

TOTAL : /10 points

GRAMMAIRE

17 Mettez les verbes entre parenthèses à l'imparfait ou au passé simple, en fonction du contexte.

1. Julien _____ (rêver) en regardant le ciel et _____ (se sentir) mélancolique. Mais une étoile particulièrement scintillante _____ (attirer) son attention et lui _____ (faire) oublier ses soucis.

2. Les passants ne _____ (s'attarder) guère devant le spectacle de rue que _____ (donner) le violoniste. Un jour, le musicien _____ (décider) d'associer un chat costumé à son numéro qui _____ (devenir) l'attraction musicale la plus applaudie de toutes les représentations de l'avenue.

3. Les voyageurs _____ (attendre) déjà depuis longtemps sur le quai quand un haut-parleur _____ (annoncer) la grève surprise des conducteurs de la SNCF.

Note : /5 points (0,5 point par réponse)

18 Mettez les verbes entre parenthèses à l'imparfait, au plus-que-parfait, au passé simple et au passé composé, en fonction du contexte.

Alors, la lumière _____ (s'éteindre) : Isabelle _____ (tressaillir) de peur et _____ (se mettre) à tâtonner à gauche, à droite, par-ci, par-là. Enfin, elle _____ (s'agripper) à Luc. Il _____ (devoir) la calmer car elle _____ (trembler) comme une feuille dans l'obscurité. Lorsqu'elle _____ (s'apercevoir) que le courant _____ (être rétabli), elle _____ (avoir) si honte de son attitude puérile qu'aujourd'hui encore elle _____ (ne pas oublier) cette mésaventure.

Note : /5 points (0,5 point par réponse)

TOTAL : /10 points

7. L'adjectif verbal – Le participe présent et le participe passé

1 Soulignez les adjectifs verbaux des phrases suivantes.

1. Ce sont des projets de spectacle séduisants qu'ils nous ont présentés.

2. Les funambules exécutèrent des numéros étonnants.

3. Captivant son public, la cantatrice fut encensée par la critique.

4. Les acteurs, dansant et chantant sur scène, finirent par susciter l'enthousiasme du public.

5. Après une tournée épuisante, ce chanteur s'est mis au vert quelque temps.

6. La semaine précédente, elle est allée au cirque avec ses grands-parents.

7. Ce spectacle est très vivant.

Note : /5 points

2 Rayez l'intrus.

1. énervement – précédent – négligent

2. amant – brûlant – décevant

3. agaçante – accueillante – habitante

4. grimpante – irritante – prétendante

Note : /4 points

3 Rébus. Retrouvez et soulignez l'adjectif verbal de cette phrase.

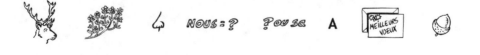

Note : /1 point

TOTAL : /10 points

4 **Accordez, si nécessaire, les adjectifs verbaux soulignés.**

1. Ce sont des rencontres sportives très <u>éprouvant</u>   qui l'ont conduit à suspendre ses entraînements pendant quelques jours.

2. Les matchs <u>passionnant</u>   de la dernière coupe du monde de rugby ont donné l'envie, à mon fils, d'en faire.

3. Ce joueur de tennis est bien épuisé après avoir participé à un tournoi <u>exténuant</u>   .

4. Mes grands-parents ne participeront pas à la randonnée proposée car elle serait trop <u>fatigant</u>   .

5. Ce sont des résultats <u>encourageant</u>   .

Note :   /5 points

5 **Reliez les éléments pour en faire des phrases.**

1. C'est une gamine •

2. As-tu déjà vu un objet •   • **a.** captivantes de sa jeunesse.

3. Mon grand-père me raconte   • **b.** communicantes.

des histoires •   • **c.** débordante d'énergie.

4. À l'hôtel, ils ont retenu   • **d.** volant non identifié ?

des chambres •   • **e.** négligente qu'elle rend des

5. C'est une bonne élève   copies toutes raturées.

mais parfois si •

Note :   /5 points

TOTAL :   /10 points

6 **Mettez à la forme voulue les infinitifs entre parenthèses.**

1. Il fait une chaleur _____ (suffoquer).

2. C'était un personnage digne et _____ (influer).

3. Elle se méfie des jeunes gens aux attitudes _____ (provoquer).

4. Ils s'entendaient parfaitement malgré leurs points de vue _____ (diverger).

5. Il a été engagé comme interprète dans une entreprise très _____ (exiger).

Note : /5 points

7 **Charade. Retrouvez un adjectif verbal.**

Mon premier est l'expression de l'unité. _____

La Poste doit faire mon deuxième avant d'acheminer le courrier. _____

Mon troisième est une pièce de l'habillement qui s'adapte parfaitement à la main. _____

Mon tout est quelqu'un qui aime s'intéresser aux affaires des autres pour obtenir des avantages ou pour nuire. _____

Note : /1 point

8 **Choisissez la forme convenable.**

1. Elle ne travaille pas dans l'informatique mais mari et femme ont des salaires _équivalant / équivalent / équivalents_.

2. Son reportage est très _convainquant / convaincant / convainquent_, il a interrogé de nombreux témoins.

3. Il a posé sa candidature rapidement car le poste _vaquent / vaquant / vacant_ l'intéressait au plus haut point.

4. Ce travail était si _fatigant / fatiguent / fatiguant_ qu'elle en est tombée malade.

Note : /4 points

TOTAL : /10 points

Le participe présent
et le participe passé

9 **Cochez vrai ou faux.**

1. On ajoute la terminaison *-ant* au radical de la troisième personne
du pluriel pour former le participe présent.   vrai ☐   faux ☐

2. C'est une forme verbale que l'on rencontre surtout à l'écrit.   vrai ☐   faux ☐

3. Le participe présent peut servir à exprimer la cause,
la simultanéité, la condition, l'opposition.   vrai ☐   faux ☐

Note :   /3 points

10 **Rébus. Soulignez le participe présent que vous trouverez
dans cette phrase.**

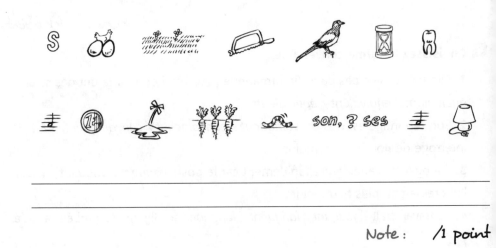

Note :   /1 point

11 **Soulignez les participes présents.**

1. La journée précédant le spectacle est consacrée à une dernière répétition exténuante.

2. L'hôtel était accueillant, la plupart des employés parlant notre langue ; néanmoins, il était situé dans un quartier bruyant.

3. Devant rendre une dissertation le lendemain, Michel est resté éveillé toute la nuit, ce qui était très fatigant.

4. Le chien, reconnaissant son maître, se précipita vers lui en aboyant puis, obéissant, il se coucha tranquillement.

5. L'enfant voyageant seul avait été pris en charge par un charmant steward.

6. C'était un garçon intéressant, timide, mais se proposant toujours pour aider.

Note :   /6 points

TOTAL :   /10 points

⓬ Mettez à la forme voulue les infinitifs entre parenthèses.

1. L'hypothèse d'un complot _____ (menacer) le chef de l'État lui parut farfelue.

2. _____ (se savoir) atteint d'une maladie rare il alla consulter un médecin aux États-Unis.

3. _____ (ne pas vouloir) répondre au téléphone, elle mit le répondeur.

4. Les voitures, _____ (glisser) sur la chaussée verglacée, avaient ralenti.

5. Les enfants, _____ (négliger) leurs devoirs, ont été punis par leur professeur.

Note : /5 points

⓭ Remplissez cette grille à l'aide des définitions.

Horizontalement

1. Participe passé du verbe *celer*.

2. Participe présent du verbe *ôter*.

3. Article défini pluriel.

4. Adjectif possessif singulier.

5. Participe présent du verbe *avoir*.

	a	b	c	d	e
1					
2					
3				■	
4		■			
5					

Verticalement

a. Verbe *coller* à la troisième personne du passé simple.

b. Participe passé du verbe *être*.

c. Verbe *lasser* à la troisième personne du passé simple.

d. Préposition homonyme de *an*. Pronom personnel sujet.

e. Participe présent du verbe *être*.

Note : /5 points

TOTAL : /10 points

14 **Mettez la forme composée du participe présent pour exprimer l'antériorité.**

1. _____ (séjourner) longtemps à Paris, elle connaissait les moindres recoins de la ville.

2. _____ (partir) une heure plus tôt de son bureau, il a pu échapper aux embouteillages de la capitale.

3. _____ (naître) le 1er août, elle peut difficilement fêter son anniversaire avec tous ses amis qui sont, en général, déjà partis en vacances.

4. _____ (ne pas étudier) sérieusement durant l'année, il a échoué au bac.

5. _____ (ne pas finir) leur travail, les ouvriers sont revenus le lendemain.

Note :   /5 points

15 **Reliez les phrases aux indications données.**

1. Désirant être à l'écoute de son personnel, le directeur a instauré une réunion mensuelle avec tous ses employés. •

2. Bien qu'ayant été malade durant tout l'hiver, ma grand-mère refuse de partir en maison de repos. •

                  • **a.** la condition

3. M'étant allongée sur le canapé, je me suis endormie. •

                  • **b.** la cause

                  • **c.** la simultanéité

4. Faisant un peu plus attention à son alimentation, il pourrait rapidement perdre quelques kilos. •

                  • **d.** l'opposition

5. Reconnaissant son ami d'enfance parmi les invités, Paul lui fit un signe de la main. •

Note :   /5 points

TOTAL :   /10 points

16 **Transformez les subordonnées en utilisant le participe présent ou sa forme passée.**

1. Le cyclone qui ravage l'état de la Floride va se déplacer vers la Louisiane.

_____

2. La mer, qui s'était déchaînée, apeura les enfants qui se promenaient au bord de l'eau. _____

_____

3. Un grondement, qui provenait des entrailles de la terre, provoqua une panique générale. _____

_____

4. La lave du volcan, qui engloutit tout dans sa course, peut anéantir notre village. _____

_____

5. L'incendie, qui a dévasté l'immeuble, a contraint les occupants à loger dans le gymnase de l'école. _____

_____

Note :   /5 points

17 **Remplacez les propositions relatives par un participe présent ou un adjectif verbal.**

1. Ce sont des remarques qui agacent. _____

2. Les élèves qui violent le règlement sont exclus de l'établissement.

_____

3. J'aperçois le petit voisin qui agace notre chien. _____

4. C'est un bon vivant qui communique sa gaieté. _____

5. Nous avons réservé des chambres qui communiquent. _____

Note :   /5 points

TOTAL :   /10 points

18 **Choisissez entre le participe présent et l'adjectif verbal.**

1. Il s'est montré si *négligeant / négligent* envers ses amis qu'il aura du mal à se faire pardonner.

2. L'orateur, *convaincant / convainquant* son auditoire, fut longuement applaudi.

3. Les eaux des diverses canalisations *convergent / convergeant* vers les égouts, étaients abondantes.

4. Il avança un argument *convainquant /convaincant*.

5. Le personnel *naviguant / navigant* d'*Air France* vous souhaite la bienvenue à bord.

6. Nous nous sommes promenés à la Foire de Paris, *naviguant / navigant* de stands en stands.

7. *Adhérent / Adhérant* à l'association, dois-je participer à l'assemblée générale annuelle ?

8. À votre place, je ne lui ferais pas confiance. C'est un jeune garçon *intriguant/ intrigant*.

9. *Négligeant / négligent* de retenir une chambre d'hôtel en mars, il a dû camper pour les vacances de Pâques.

10. Ces élèves ont hurlé sous le préau pendant la récréation, *fatiguant / fatigant* ainsi leurs professeurs qui les surveillaient.

Note :   /5 points (0,5 point par réponse)

19 **Imaginez une fin pour chacune de ces phrases.**

1. Un orage violent _____

_____

2. Vaquant à ses affaires, _____

_____

3. Précédant le défilé, _____

_____

4. Ce jeune adhérent _____

_____

5. Devant tant d'indices convergents, _____

Note : /5 points

TOTAL : /10 points

8. Les articulateurs du discours

1 Rébus. Retrouvez des articulateurs logiques.

1. _____

2. _____

3. _____

4. _____

5. _____

Note : /5 points

2 **Charade.**

Mon premier est homonyme de *an*. _____

Mon deuxième se trouve dans mon premier. _____

Mon troisième est synonyme d'*endroit*. _____

Mon tout est un articulateur annonçant les étapes d'un raisonnement.

_____

Note :   /1 point

3 **Remplissez cette grille à l'aide des définitions.**

1. Articulateur exprimant une opposition.

2. Articulateur annonçant une reformulation.

3. Articulateur exprimant une chronologie.

4. Articulateur annonçant une déduction / démonstration.

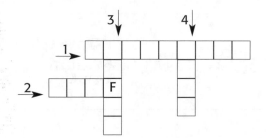

Note :   /4 points

TOTAL :   /10 points

4 **Soulignez les mots organisateurs logiques, puis classez les phrases suivantes dans le tableau.**

1. J'avais de la fièvre, je tremblais, je toussais ; en d'autres termes j'étais malade.

2. Il s'est acheté un canari dans une petite cage, ensuite des perroquets dans une volière.

3. Je suis d'accord avec vous. Toutefois, j'aurai une objection à faire.

4. L'ordinateur est un inépuisable outil de connaissance. En effet, de nombreux cédéroms nous apprennent l'art, l'histoire, les mathématiques, etc.

5. Le téléphone portable nous est utile. Il représente une sécurité. Par conséquent, nous en avons acheté un pour les enfants.

Opposition	_____
Explication et justification	_____
Addition et énumération	_____
Conclusion et conséquence	_____
Reformulation	_____

Note : /5 points

5 **Nommez les valeurs de ces articulateurs logiques en vous aidant du tableau précédent.**

1. d'ailleurs, de plus, également, de même, d'abord, ensuite, en outre, premièrement, dans un premier temps, puis, en premier lieu, en second lieu, de surcroît, par ailleurs, d'une part, etc.

_____

2. en revanche, cependant, en dépit de, au contraire, toutefois, pourtant, néanmoins, mais, or, malgré tout, certes, à l'inverse, etc.

_____

3. en effet, par exemple, notamment, entre autre, en particulier, à savoir, c'est pourquoi, etc.

_____

4. autrement dit, en un mot, bref, en d'autres termes, si je puis dire, c'est-à-dire, en d'autres mots, etc.

_____

5. c'est pourquoi, ainsi, aussi, enfin, en résumé, en conclusion, en somme, finalement, par conséquent, en conséquence, en définitive, en un mot, en tout cas, donc, etc.

_____

Note :   /5 points

TOTAL :   /10 points

6 Reliez les éléments pour en faire des phrases.

1. Elle sera à la hauteur de ce poste. •

2. Il me fallait deux dictionnaires, •

3. Il était coupable. •

4. Ils ont longuement hésité. •

5. Vous serez amené à prendre en charge les élèves en difficultés. •

6. Tu m'avais donné rendez-vous à la bibliothèque à 14 heures ; •

• **a.** D'ailleurs, elle nous a prouvé sa compétence tout au long de son stage dans notre entreprise.

• **b.** Par ailleurs, vous vous occuperez des orientations des troisièmes.

• **c.** En définitive, ils ont choisi de vivre en province.

• **d.** Néanmoins, il a été acquitté.

• **e.** à savoir un bilingue et un monolingue.

• **f.** or tu n'y étais pas.

Note : /6 points

7 Complétez ce texte avec les articulateurs logiques suivants : *en outre, par exemple, ainsi, notamment, en revanche, en conclusion, en effet, ou encore.*

1. La télévision nous isole. _____ , elle ne favorise pas la communication.

2. _____ , elle est allumée lors des repas en éliminant tout échange à table.

3. _____ , en la regardant le soir elle nous endort.

4. _____ , la télévision nous ouvre une fenêtre sur l'extérieur.

5. _____ , elle représente une source d'informations inestimable.

6. _____ , elle rend compte de l'actualité nationale et internationale.

7. _____ , elle permet de découvrir des mondes inaccessibles.

8. _____ , la télévision joue un rôle à la fois bénéfique et néfaste.

Note : /4 points (0,5 point par réponse)

TOTAL : /10 points

8 **Dites quels articulateurs logiques vous utilisez dans les situations suivantes.**

1. Lorsque vous désirez présenter l'argument de l'adversaire avant de le rejeter :

_____ , _____ , _____

2. Quand vous voulez préciser votre pensée :

_____ , _____ , _____

3. Lorsque vous expliquez :

_____ , _____ , _____

4. Quand vous souhaitez introduire une conclusion

_____ , _____ , _____

5. Lorsque vous donnez un exemple :

_____ , _____ , _____

6. Quand vous ajoutez un nouvel argument pour finir de convaincre :

_____ , _____ , _____

Note : /16 points

9 Notez de 1 à 8 pour retrouver l'ordre dans lequel doivent être classées les phrases de ce texte, en vous aidant des articulateurs logiques utilisés.

1. Elle offre ainsi de nombreuses activités sportives. ☐

2. En dépit de sa trépidante vie estivale, elle jouit d'un cadre de vie exceptionnel. ☐

3. Bref, Nice et son aéroport, premier aéroport français après ceux de la région parisienne, n'ont pas fini de voir le tourisme –représentant l'une des premières activités économiques– augmenter. ☐

4. En outre, la proximité des pistes de ski, à deux heures de route, lui procure un atout supplémentaire. ☐

5. Certes, le succès de son rivage ne s'est pas affirmé sans que naissent des inconvénients pour l'amateur de tranquillité. ☐

6. Nice, capitale de la côte d'Azur, reine de la Riviera, les titres de prestige ne manquent pas à cette station estivale et hivernale. Située dans la baie des Anges, avec ses collines accidentées, ses villas luxueuses, la richesse de son patrimoine, son ensoleillement et ses plages, elle apparaît comme un pôle touristique de premier plan. ☐

7. En effet, l'afflux massif des touristes en été engendre, par exemple, des difficultés de circulation. ☐

8. D'ailleurs, de très nombreux retraités choisissent de s'y installer. ☐

Note : /4 points
(0,5 point par réponse)

TOTAL : /10 points

10 Rayez l'intrus.

1. finalement – en dernier lieu – dernièrement – enfin
2. ailleurs – d'ailleurs – par ailleurs
3. en outre – outre – de plus
4. en fait – en effet

Note : /4 points

11 Établissez un lien entre ces phrases en utilisant *par ailleurs* ou *d'ailleurs*.

1. Ça m'est égal de ne pas avoir eu mon bac. Je vais travailler dans la société de mon oncle. _____

_____

2. Quel plaisir ce quartier ! J'y fais mes courses quotidiennement.

_____

_____

3. Je suis partie en vacances à Venise. J'ai changé d'appartement et de travail.

_____

4. La vie à la campagne a son charme. Si tu interroges les enfants, pour rien au monde ils reviendraient vivre à Lyon. _____

_____

5. Je vous signale la parution du dernier roman de Le Clézio. Cette semaine sera très chargée en sortie de films. _____

_____

6. C'est le Norvégien qui est arrivé premier au rallye de Corse. La France a été battue 79 à 73 par l'Espagne en basket. _____

_____

Note : /6 points

TOTAL : /10 points

12 **Complétez les phrases suivantes avec _en fait_ ou _en effet_.**

1. J'ai choisi de prendre ce manteau noir. _____ , cette couleur s'assortit avec tout.

2. Il n'est pas allé au cinéma. _____ , il voulait regarder une émission à la télévision.

3. Elle m'a semblé malade. _____ , elle était fiévreuse.

4. Vous avez pu assister au concert des Stones ? – Non, _____ il n'y avait plus de places.

5. J'aime le ski, mais _____ ce que j'aime surtout, c'est la montagne.

Note : /5 points

13 **Choisissez entre _en outre_ et _outre_.**

1. _____ les preuves, le commissaire détenaient des témoignages accablants.

2. Vous risquez une forte amende et, _____ le retrait de votre permis de conduire.

3. _____ les enfants, nous avions aussi avec nous les petits-enfants.

4. Les accidents de la route sont la principale cause de décès chez les jeunes. _____ , ils provoquent des lésions physiques importantes.

5. La connaissance des langues étrangères est très utile pour voyager. _____ , elle permet d'accroître nos chances sur le marché du travail.

Note : /5 points

TOTAL : /10 points

14 **Développez des arguments pour et contre en employant les articulateurs logiques proposés.**

L'adolescence est-il le plus bel âge de la vie ?

1. En effet, _____

_____

2. Par exemple, _____

_____

3. Ou encore, _____

_____

4. En revanche, _____

_____

5. Ainsi, _____

6. Par conséquent, _____

_____

Note :   /6 points

15 **Trouvez des arguments en utilisant ces articulateurs logiques.**

Le téléphone portable est indispensable.

1. Certes, _____

_____

2. D'ailleurs, _____

_____

3. De plus, _____

_____

4. Néanmoins, _____

_____

Note :   /4 points

TOTAL :   /10 points

16 **Complétez ces phrases avec les articulateurs temporels :** *durant, soudain, après, à peine, au fur et à mesure.*

1. _____ avoir passé trois ans aux États-Unis, Pierre doit rentrer à Paris.

2. _____ avions-nous commencé à déjeuner, Sylvie se leva de table.

3. _____ que tu tapes tes notes, le texte s'enregistre.

4. Tout était silencieux, _____ éclata un violent orage.

5. Elle s'inquiétait car elle n'avait eu aucune nouvelle _____ des semaines

Note : /5 points

17 **Reliez les phrases aux dates de l'agenda de Sophie.**

1. Le surlendemain j'ai visité le château de Versailles et son parc. •

2. La veille de mon départ j'ai fait mes bagages. •

3. Le lendemain de mon arrivée, je me suis rendue à la tour Eiffel et au Louvre. •

4. La soirée précédant mon retour je me suis offert un repas gastronomique à la Tour d'Argent. •

5. J'ai pris le vol de 14 heures pour Paris. •

6. Quatre jours après, je suis rentrée à Marseille. •

• **a.** Vendredi 7 juillet
• **b.** Samedi 8 juillet
• **c.** Dimanche 9 juillet
• **d.** Lundi 10 juillet
• **e.** Mardi 11 juillet
• **f.** Mercredi 12 juillet

Note : /5 points

TOTAL : /10 points

9. Les adverbes

1 **Retrouvez, dans cette grille, cinq adverbes.**

V	I	O	L	E	M	M	E	N	T
E	V	E	T	E	M	E	N	T	R
C	E	N	T	M	E	N	C	U	I
V	O	L	O	N	T	I	E	R	S
P	U	B	U	V	A	M	E	N	T
L	S	A	T	O	N	V	I	T	E
M	R	U	S	L	I	A	L	E	M
E	M	O	N	U	M	E	N	T	E
N	P	A	I	E	M	E	N	T	N
T	P	O	L	I	E	M	E	N	T

Note : /5 points

2 **Retrouvez l'adjectif de chaque adverbe.**

1. clairement _____

2. largement _____

3. durement _____

4. agréablement _____

5. purement _____

Note : /5 points

TOTAL : /10 points

3 **Formez les adverbes correspondant aux adjectifs suivants.**

1. naturel _____   **6.** doux _____

2. léger _____   **7.** frais _____

3. franc _____   **8.** long _____

4. actif _____   **9.** sec _____

5. mou _____   **10.** curieux _____

Note :   /5 points (0,5 point par réponse)

4 **Observez les adverbes suivants puis complétez la règle.**

Joliment – indéfiniment – vraiment – assurément – absolument – poliment – gaiement – passionnément – modérément – décidément – hardiment – ingénument

L'adjectif reste au _____ quand il est terminé par -ai , -é , -i , -u pour former l'adverbe. Exception : _____

Note :   /2 points

5 **Certains adverbes en -ument prennent un accent circonflexe sur le u. Rétablissez-le si nécessaire.**

1. Elle lui a dit crument qu'elle le haïssait. _____

2. Nous nous opposons résolument à cette décision. _____

3. Elle suit les cours assidument. _____

4. Vous détenez indument des documents. _____

5. Il est tombé éperdument amoureux de sa voisine. _____

6. Les enfants ont mangé goulument leur dessert. _____

Note :   /3 points (0,5 point par réponse)

TOTAL :   /10 points

6 **Complétez les phrases suivantes avec un adverbe en -*ément* ou en -*ment* en transformant les adjectifs entre parenthèses.**

1. Nous avons _____ (énorme) appris à ce stage de langues.

2. Je n'ai pas osé la réveiller, elle dormait _____ (profond).

3. C'est _____ (véritable) surprenant de sa part.

4. Il a décrit _____ (précis) ses agresseurs et le lieu de sa détention.

5. Les athlètes se sont entraînés _____ (intense) pour les Jeux Olympiques.

6. Vous avez su vous sortir _____ (habile) de cette situation.

7. Il est _____ (vraisemblable) parti avec elle.

8. Le printemps est arrivé _____ (précoce) cette année.

Note : /4 points
(0,5 point par réponse)

7 **Retrouvez les adverbes. Attention parfois deux solutions.**

1. gentil _____

2. chaque jour _____ , _____

3. grave _____ , _____

4. rapide _____ , _____

5. bref _____

6. chaque mois _____

7. à la main _____

Note : /5 points
(0,5 point par réponse)

8 **Charade.**

Mon premier est un élément d'origine grec exprimant
l'opposition. _____

Mon deuxième est un adverbe exprimant la conformité à la constitution
du pays. _____

Mon tout est réputé pour être le mot le plus long de la langue française.

_____

Note : /1 point

TOTAL : /10 points

9 **Observez les phrases suivantes puis complétez.**

1. Il a prononcé inconsciemment le prénom de sa maîtresse.

2. Étant né au Paraguay, mon fils parle couramment espagnol.

3. Il a souhaité la revoir ardemment.

4. Depuis son accident, il conduit prudemment et lentement.

5. Elle a réussi brillamment ses examens de fin d'année.

Quand l'adjectif se termine par _____ ou _____

l'adverbe se termine par _____ ou _____ . Sauf

_____

Note :   **/5 points**

10 **Transformez les noms en adverbes.**

1. Ne lui réponds pas avec méchanceté. _____

2. Marchez avec plus d'élégance. _____

3. Travaillez avec intelligence. _____

4. Attendez avec patience. _____

5. Défendez-vous avec vaillance. _____

Note :   **/5 points**

TOTAL :   **/10 points**

11 **Complétez avec des adverbes à partir des adjectifs suivants :** *précis, gentil, brutal, superficiel, lent, secret, poli, bruyant, modéré, gai.*

1. Tu travailles trop _____ et _____.

2. Les élèves sont entrés _____ et _____ en classe.

3. L'alcool se buvant _____ , j'aime _____ le boire les jours de fête.

4. Nous dévoilant _____ son projet, elle se mit à rire _____ .

5. Mon voisin s'est _____ proposé pour réparer ma voiture et je l'ai remercié _____ .

Note : /5 points (0,5 point par réponse)

12 **Écrivez correctement les adverbes formés sur ces adjectifs et placez-les dans les phrases :** *hâtif, éperdu, fou, hardi, assidu, aveugle, nonchalant, immense, absolu, dû.*

1. Ils sont tombés _____ amoureux l'un de l'autre et se sont mariés _____ .

2. Ses parents étaient _____ riches et _____ charmants.

3. Le député s'attaqua _____ au projet de loi et se lança _____ dans une bataille perdue d'avance.

4. Vous me rapporterez ce document _____ signé et vous devrez assister _____ aux travaux pratiques.

5. Elle traversa _____ la pièce et se moquait _____ des hommes qui l'observaient.

Note : /5 points (0,5 point par réponse)

TOTAL : /10 points

13 **Remplacez ces groupes de mots par des adverbes lorsque c'est possible.**

1. avec joie _____

2. avec ingénuité _____

3. avec opiniâtreté _____

4. avec optimisme _____

5. avec sottise _____

6. avec empressement _____

7. avec réalisme _____

8. en silence _____

9. en abondance _____

10. en vain _____

Note :   /5 points (0,5 point par réponse)

14 **Réécrivez ces phrases en remplaçant les mots en italique par un verbe et un adverbe en *-ment*.**

1. L'accusé se contenta de *réponses brèves et confuses*. _____

_____

2. Les élèves qui avaient eu *une conduite peu respectueuse* ont reçu *de sévères réprimandes*. _____

_____

3. Les plus affamés prirent *un déjeuner copieux* dans le premier restaurant ouvert sur la route. _____

_____

4. Nous fîmes *une longue promenade* au bord du lac gelé. _____

_____

5. Il donna *une fin obscure* à sa vie. _____

_____

Note :   /5 points

TOTAL :   /10 points

15 **Reliez les adverbes aux catégories proposées.**

1. désormais •

2. au fur et à mesure •   • **a.** adverbe de lieu

3. mal •   • **b.** adverbe de manière

4. plutôt •   • **c.** adverbe de probabilité

5. sans aucun doute •   • **d.** adverbe d'affirmation

6. moins •   • **e.** adverbe de temps

7. plus tôt •   • **f.** adverbe de quantité

8. sans doute •   • **g.** adverbe de restriction

9. quelque part •

10. pas mal •

Note :   /5 points (0,5 point par réponse)

16 **Complétez les phrases avec les adverbes de temps, de lieu et de manière suivants :** *vite, bien, dorénavant, auparavant, à ce moment-là, en ce moment, ailleurs, mieux, tout, jamais.*

1. On mange _____ dans ce restaurant ?

2. Je rêve de vivre _____ , loin de ces tristes villes.

3. Je me suis _____ dégoûté du chocolat, après avoir eu une crise de foie.

4. _____ , les cours auront lieu dans les salles du premier étage.

5. _____ , nous demeurions à Grenoble.

6. Tu auras bientôt 18 ans et, _____ tu pourras passer ton permis de conduire.

7. _____ , je cherche un emploi dans la grande distribution.

8. Elle n'est _____ allée en ville, elle ne connaît que son village.

9. Ils étaient _____ heureux de revoir leurs petits-enfants.

10. Bien qu'il écrive _____ , j'ai toujours du mal à le lire.

Note :   /5 points (0,5 point par réponse)

TOTAL :   /10 points

17 Observez la place des adverbes dans les phrases et associez-les
aux indications suivantes :

1. L'adverbe est placé indifféremment en tête ou à la fin
de la phrase lorsqu'il détermine l'ensemble de la phrase.   _____

2. Lorsqu'il détermine un verbe à la forme simple il se place
après.   _____

3. Les adverbes de manière, d'intensité, de quantité
et certains adverbes de temps se placent de préférence
entre l'auxiliaire et le participe passé.   _____

4. Les adverbes de temps et de lieu se placent, en principe,
après l'auxiliaire et le participe passé.   _____

5. L'adverbe se place devant l'adjectif ou devant
un autre adverbe.   _____

a. Je lui ai téléphoné d'ici.

b. Les enfants ont toujours fait du sport.

c. Nous avons connu un hiver très humide.

d. Il a longtemps parcouru le monde.

e. Je lis volontiers de la poésie.

f. Derrière chez moi, il y a un parc.

g. Je l'ai rencontré hier.

h. Il a beaucoup trop bu, c'est pourquoi il a percuté un arbre.

i. Je me suis souvent promenée dans ce quartier.

j. Il l'a jugé très sévèrement.

Note :   /5 points (0,5 point par réponse)

18 **Remettez les phrases dans l'ordre. Attention à la place de l'adverbe.**

1. descendu – la – Le – assez – pente – a – skieur – rapidement.

_____

2. partie – demain – Elle – sera.

_____

3. fiancés – mariage – annoncé – leur – Les – publiquement – ont.

_____

4. parti – vite – sans – bien – Il – saluer – est.

_____

5. enfin – a – vérité – la – Il – avoué.

_____

Note : /5 points

TOTAL : /10 points

10. Les constructions verbales avec *à, de*, etc.

1 **Mots croisés. Trouvez les verbes synonymes suivis de *à* ou de *de*.**

1. se mettre à

2. abandonner l'idée de

3. réussir à

4. accepter de

5. désirer

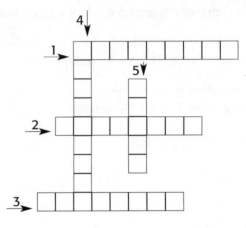

Note :   /5 points

2 **Rayez l'intrus.**

1. se préparer à – arriver à – s'habituer à – contribuer à – assister à – se mettre à

2. se préparer – s'attendre – promettre – chercher – réussir – apprendre

Note :   /2 points

3 **Reliez les éléments pour en faire des phrases.**

1. La difficulté de ce travail •

2. La réunion touchant à sa fin, il me •

3. Personne •

4. Avez-vous •

5. Après divers déménagements, il •

6. Les auteurs en vogue •

• **a.** s'est enfin décidé à vivre définitivement en Normandie.

• **b.** s'attendent à être récompensés par un prix littéraire.

• **c.** pensé à prendre votre billet d'avion ?

• **d.** consiste à trouver des fonds pour la recherche.

• **e.** n'arrive à comprendre leur séparation.

• **f.** reste à vous remercier pour votre aimable accueil.

Note : /3 points
(0,5 point par réponse)

TOTAL : /10 points

4 **Complétez avec la préposition *à*, si nécessaire.**

1. Nous apprécions _____ vos qualités humaines.

2. Je ne peux pas répondre _____ votre demande.

3. Acceptez _____ toutes mes excuses pour ce retard.

4. Nous sommes favorables _____ votre mutation.

5. Ce dossier appartient _____ ma collègue.

6. Ils ont remarqué _____ vos lacunes en langues.

7. Nous avons réfléchi _____ ta proposition. Nous acceptons.

8. Tu t'intéresses _____ la politique.

9. Vos projets plaisent beaucoup _____ mon directeur.

10. Vous devriez vous adresser _____ la direction.

Note : /5 points (0,5 point par réponse)

5 **Complétez les phrases en cochant la ou les bonnes réponses.**

1. Je ferai mon possible pour vous aider

☐ **a.** l'implantation de votre usine.

☐ **b.** à réaliser ce projet.   ☐ **c.** à votre proposition.

2. Croyez-vous   ☐ **a.** pouvoir diminuer le chômage ?

☐ **b.** ce dirigeant ?   ☐ **c.** à la reprise de la consommation ?

3. Quels prêts seront consentis   ☐ **a.** à financer notre installation ?

☐ **b.** les sociétés ?   ☐ **c.** à nos entreprises qui s'installent dans cette région ?

4. Vous vous habituerez   ☐ **a.** à notre ville.

☐ **b.** à travailler à la campagne.   ☐ **c.** les plaisirs de la nature.

5. Pensez-vous   ☐ **a.** devoir parler des avantages fiscaux ?

☐ **b.** à leurs lourdes charges sociales ?   ☐ **c.** à délocaliser l'usine ?

Note : /5 points

TOTAL : /10 points

6 **Rébus. Trouvez la phrase cachée dans ce rébus.**

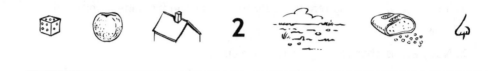

Note : /1 point

7 **Retrouvez, dans cette grille, les verbes suivis de la préposition *de* et de l'infinitif.**

F	I	N	I	R	T	C
E	V	I	T	E	R	A
R	V	O	I	R	T	D
M	E	R	I	T	E	R
E	L	O	U	E	R	E
R	E	F	U	S	E	R

Note : /4 points

8 **Complétez avec *de* si nécessaire.**

1. Nous acceptons _____ signer ce contrat avec vous.

2. Ils aimeraient _____ vous rencontrer le plus tôt possible.

3. Le débat promet _____ être animé.

4. Je me garderai bien _____ me prononcer.

5. Qu'est-ce que vous avez prévu _____ faire ?

6. Nous espérons _____ partir en vacances à Noël.

7. Ils ne s'apprécient guère mais ils feignent _____ s'entendre.

8. Vous préférez _____ aller au cinéma ou à la patinoire ?

9. Les Français ont été tristes _____ apprendre que le Concorde ne volerait plus.

10. Je ne supporterai pas _____ vivre dans une grande ville.

Note : /5 points (0,5 point par réponse)

TOTAL : /10 points

9 **Complétez avec *de* si nécessaire.**

1. Il s'est servi _____ sa renommée pour placer son fils dans le milieu des affaires.

2. Nous avons changé _____ avis à son sujet.

3. Pourquoi vous êtes-vous servi _____ mes outils ?

4. Les ouvriers se sont plaints _____ leur nouvel emploi du temps.

5. Elle a remboursé _____ l'argent qu'elle devait.

6. Prenez _____ la pastèque.

7. Cela dépend uniquement _____ ses résultats.

8. Mes enfants ont choisi _____ la pâtisserie.

Note :   /4 points (0,5 point par réponse)

10 **Remettez les éléments dans l'ordre pour en faire des phrases.**

1. ils se plaignent – d'être soignés rapidement – de maux de gorge – et méritent.

_____

2. de pleurer durant la projection – et je me suis servi – je n'ai pas pu m'empêcher – de tous mes mouchoirs. _____

_____

3. car j'ai besoin – mais j'ai envie – j'ai – de repos – de prendre une journée – beaucoup de travail cette semaine. _____

_____

4. mais elle se souvient de – de la prendre – notre fille – de notre voiture – dispose – l'avoir endommagée donc elle évite. _____

_____

5. de vos lacunes – d'apprendre vos leçons – il suffit – et vous vous débarrasserez.

_____

6. de vous plaindre – changez – de place – et arrêtez. _____

_____

Note :   /6 points

TOTAL :   /10 points

11 **Rayez ce qui ne convient pas. Parfois deux solutions.**

1. Ne te risque pas *à* / *de* plonger. L'eau est trop froide.

2. Le pont risquait *à* / *de* s' effondrer sous le poids des camions.

3. Nous l'avons forcé *à* / *de* prendre de nouvelles mesures.

4. Êtes-vous forcé *à* / *de* partir si tôt ?

5. Il s'est décidé *à* / *de* quitter le pays.

6. Nous avons commencé *à* / *de* prendre des cours de danse.

7. On a oublié *à* / *de* fermer les volets.

8. Son supérieur l'enjoignait *à* / *de* rentrer à la caserne.

9. Vous avez continué *à* / *d'* écrire toute votre vie.

10. Ce jeune homme est appelé *à* / *de* faire de brillantes études.

Note : /5 points (0,5 point par réponse)

12 **Complétez ce texte avec *à* ou *de*.**

Tout d'abord, permettez-moi _____ vous souhaiter la bienvenue dans notre

école de langues. Nous regrettons _____ ne pouvoir vous offrir le verre de

l'amitié, car nous manquons _____ personnel de service. Mais nous sommes

prêts _____ rendre votre séjour agréable en vous aidant _____ étudier

dans les meilleures conditions possibles. Si vous avez besoin _____ quoi

que ce soit, n'hésitez pas _____ nous solliciter. Je suis heureux _____ vous

accueillir dans notre belle région que je vous invite _____ découvrir. Passez

un excellent séjour parmi nous et veillez _____ parler notre langue,

également, en dehors des cours.

Note : /5 points (0,5 point par réponse)

TOTAL : /10 points

13 Rayez ce qui ne convient pas puis illustrez par des exemples en imaginant des phrases pour chaque cas. Attention, il faut parfois rayer les deux possibilités et, même dans ce cas, il est quelquefois impossible de faire une phrase.

1. choisir *de / à* + verbe à l'infinitif _____

choisir *de / à* quelque chose _____

choisir *de / à* quelqu'un _____

2. essayer *de / à* + verbe à l'infinitif _____

essayer *de / à* quelque chose _____

essayer *de / à* quelqu'un _____

3. tenir *de / à* + verbe à l'infinitif _____

tenir *de / à* quelque chose _____

tenir *de / à* quelqu'un _____

4. se souvenir *de / à* + verbe à l'infinitif _____

se souvenir *de / à* quelque chose _____

se souvenir *de / à* quelqu'un _____

5. rêver *de / à* + verbe à l'infinitif _____

rêver *de / à* quelque chose _____

rêver *de / à* quelqu'un _____

Note :   /5 points

14 **Complétez les indications suivantes. Attention ! ces verbes se construisent tantôt avec *de* tantôt avec *à* ou sans préposition.**

1. conseiller quelqu'un

conseiller quelque chose _____ quelqu'un.

conseiller _____ quelqu'un _____ + infinitif

2. permettre quelque chose _____ quelqu'un

permettre _____ quelqu'un _____ + infinitif

3. dire quelque chose

dire quelque chose _____ quelqu'un

dire quelque chose _____ quelqu'un

dire _____ + infinitif

4. ordonner quelque chose _____ quelqu'un

ordonner _____ quelqu'un _____ + infinitif

5. parler _____ quelqu'un

parler _____ quelqu'un

parler _____ quelque chose _____ quelqu'un

parler _____ + infinitif

Note : /5 points

TOTAL : /10 points

15 **Rayez l'intrus.**

demander – commander – se plaindre – proposer – profiter

Note :   /1 point

16 **À partir des éléments proposés ci-dessous, faites des phrases possibles en suivant le nombre donné entre parenthèses. N'utilisez pas la double pronominalisation.**

tout – lui – de – voyager beaucoup – la – à – moi

1. Il demande (4)

2. Il ordonne (2)

3. Il permet (2)

4. Il conseille (3)

5. Il parle (4)

6. Il se plaint (4)

7. Il dit (4)

8. Il commande (3)

9. Il propose(2)

Note :   /9 points

TOTAL :   /10 points

17 Complétez avec *à* ou *de*.

1. Ils m'ont parlé _____ ce qu'ils aimaient à Paris.

2. T'es-tu rendu compte _____ ce que tu disais ?

3. Vous ne tenez pas _____ ce qu'on vous accuse de vol ?

4. Ils s'attendent _____ ce que nous les invitions.

5. Je vous remercie _____ ce que vous avez fait pour nous.

6. Pense _____ ce que nous avions choisi.

7. Les enfants se moquent _____ ce que disent leurs parents.

8. Attention au bébé ! Veillez _____ ce qu'il n'ait pas froid.

9. Souviens-toi _____ ce dont tu avais besoin.

10. Les femmes sont déçues _____ ce que les hommes leur ont apporté.

Note :   /5 points (0,5 point par réponse)

18 Complétez avec diverses prépositions.

1. On a ouvert une enquête _____ les causes de l'incendie.

2. Il s'est perdu _____ des détails.

3. Elle s'efforce _____ le faire connaître.

4. Mes amis s'y connaissent _____ informatique.

5. Vous avez manqué _____ tact.

6. S'efforce-t-il _____ l'action ?

7. Les manifestants ont protesté _____ la fermeture de l'hôpital.

8. Elle a manqué _____ tous ses devoirs.

9. Mon fils se passionne _____ la photographie.

10. Vous ne vous sentez pas concerné _____ la défense de la nature ?

Note :   /5 points (0,5 point par réponse)

TOTAL :   /10 points

Corrigés

1. Le subjonctif présent et le subjonctif passé

1. 1. a - pelle - thé - pas - rang - a - vent - queue - jeu - nœud - le - face : Appelle tes parents <u>avant que</u> je ne le fasse. – 2. bois - un - k - fée - an - a - temps - dent - qu' - île - Vienne : Bois un café <u>en attendant</u> qu'il vienne.

2. *rayer :* pendant que – à chaque fois que – sous prétexte que, car ces conjonctions sont suivies de l'indicatif.

3. 1. indicatif – 2. subjonctif – 3. subjonctif – 4. indicatif – 5. subjonctif

4. 1. puissions – 2. soyez – 3. paraisse – 4. ayons – 5. entende

5. 1. fasse – 2. preniez – 3. est – 4. vienne – 5. pourrons

6. 1. c – 2. d – 3. e – 4. b – 5. a

7. 1. avait quitté – 2. soit – 3. aies – 4. s'aggrave – 5. réagisse

8. 1. avant que – 2. de crainte que – 3. à moins que – 4. de peur que

9. 1. c – 2. a – 3. d – 4. b

10. *conviennent :* 1. à moins que – 2. de crainte qu'

11. 1. d – 2. c – 3. b – 4. a – 5. e

12. 1. Quoi – 2. Où – 3. Quel – 4. Que – 5. Qui

13. *Souligner :* ait vu   soyons venu – ayez entendu

14. 1. île - haie - nord - mal - queue - jeu - nœud - lait - pas - vue : Il est normal que je ne l'<u>aie</u> pas <u>vu</u>. – 2. Pierre - haie - sur - prix - queue - sa - tente - soie - vœux - nu : Pierre est surpris que sa tante <u>soit venue</u>.

15. 1. … que tu aies connu – 2. … que vous soyez allé – 3. …. qu'elle ait plu – 4. …que nous ayons su – 5. … que j'aie vécu

16. 1. ne soit pas parvenue – 2. ayez échoué – 3. n'aies pas été admis – 4. ait suivi – 5. soient déjà allés

17. 1. aient emporté – 2. n'ait pas reçu – 3. ne puissiez pas – 4. fasse – 5. se soient tues

18. 1. d – 2. c – 3. a – 4. b – 5. e

19. *souligner :* 1. ayez lu – 2. aie visité – 3. puisse – 4. veuille – 5. ait soutenue

2. La cause

1. 1. sous - pré - texte - queue : sous prétexte que – 2. puits - S - queue : puisque – 3. K - homme : comme – 4. dos - temps - queue : d'autant que – 5. part - S - queue : parce que – 6. vue - queue : vu que

2. Hé - temps - do - nez - que : étant donné que

3. 1. subjonctif – 2. subjonctif – 3. subjonctif

4. 1. c – 2. d – 3. e – 4. b – 5. a

5. 1. Comme – 2. d'autant moins... qu' – 3. vu qu' – 4. d'autant plus... qu' – 5. Du moment que

6. 1. ce n'est pas qu' – 2. non qu' – 3. soit qu' – soit qu' – 4. non que – 5. Ce n'est pas que

7. 1. ayons eu – 2. voulais – 3. fasse – 4. déplaise – 5. ne le souhaitons pas

8. 1. pour – 2. À force de – 3. de – 4. faute d' – 5. sous prétexte d'

9. *phrases possibles :* 1. ...pour avoir refusé une priorité à droite. – 2. ...de recevoir des coups de fils anonymes. – 3. ...de s'entraider. – 4. ...d'avoir révisé assez tôt dans l'année. – 5. ...d'avoir perdu son adresse.

10. 1. En travaillant tout l'été, elle a réussi à financer son voyage en Australie. – 2. En refusant de voir la réalité, il n'a pas su faire face aux problèmes. – 3. Il n'a pas pu commettre ce vol en étant absent ce jour-là. – 4. Ma fille s'est perdue en montagne en partant en randonnée sans guide. – 5. Bruno a perdu trois kilos en un mois en nageant chaque jour.

11. 1. Parlant – 2. Buvant – 3. Étudiant – 4. Lisant – 5. Dansant

12. *Souligner :* à force de – pour – sous prétexte de – faute de

13. 1. d – 2. b – 3. a – 4. e – 5. c

14. *convient :* de

15. 1. pour – 2. Faute de – 3. À force de – 4. Faute de – 5. de

16. 1. Devant la résistance des bandits, la police a ouvert le feu. – 2. Sous la menace des cambrioleurs, l'employé de banque a remis la clef du coffre. – 3. Il a été condamné pour le meurtre/l'assassinat d'une jeune fille. – 4. C'est par charité qu'elle a aidé le blessé. – 5. À sa demande, la victime a été confrontée à son agresseur.

17. 1. En effet – 2. car – 3. car – 4. car – 5. En effet

18. *conviennent :* 1. tellement – 2. tant – 3. tellement – 4. tant – 5. tellement

3. La conséquence et le but

1. *phrases possibles :* 1. ...il s'est allongé sur le canapé. – 2. ...il s'est mis au régime. – 3. ...elle ne s'est pas rendue à son bureau. – 4. ...il faudrait contacter une infirmière dès aujourd'hui. – 5. ...il souhaiterait le revoir dans deux mois pour faire le point.

2. 1. b – 2. d – 3. e – 4. a – 5. c

3. 1 – 2 – 4 – 5 – 8

4. 1. de telle manière que – 2. si bien qu' – 3. de telle façon qu' – 4. de sorte que – 5. de telle sorte qu'

5. avec un adjectif : 2 - 1 – avec un adverbe : 4 - 3 – avec un verbe : 5

6. 1. puisse – 2. vous aperceviez / vous soyez aperçu

7. 1. telle ... que – 2. tant ... que – 3. tellement de ... que – 4. telles ... que – 5. tant d' ... que

8. 1. Elle était amoureuse de lui au point d'avoir quitté sa famille, ses amis et son pays pour le suivre. – 2. Mon frère a eu du chagrin jusqu'à en tomber malade. – 3. Il l'avait trompée à tel point qu'elle le quitta malgré les difficultés qui l'attendaient. – 4. Mon amie est triste à en perdre l'appétit. – 5. Les enfants ont pleuré lors du départ de leur père au point qu'il leur a promis de rentrer dès le lendemain.

9. 1. b – 2. d – 3. a – 4. c – 5. e

10. 1. Sophie fait un séjour d'un mois en Angleterre de manière à améliorer son anglais. – 2. Son amie italienne lui parle lentement de façon à ce qu'il la suive dans son raisonnement. – 3. Tu dois suivre un cours pour faire des progrès. – 4. Ses parents l'ont logé chez l'habitant afin qu'il soit obligé de communiquer en espagnol. – 5. Paul prépare cet examen afin d'obtenir un poste à l'étranger. – 6. Parlez français pour que nous vous comprenions.

11. Le sujet de la subordonnée est différent de celui de la principale et il est suivi d'un verbe au subjonctif.

12. *En vue de* est suivi d'un nom.

13. Pour

14. *phrases possibles :* 1. ...de peur qu'ils n'aient un accident. – 2. ...les usagers ne prennent l'avion. – 3. Il est parti très tôt... – 4. Elle acheta son billet d'avion six mois à l'avance... – 5. ...subir les nuisances sonores des véhicules déviés.

15. 1. Cette actrice porte des lunettes noires de peur d'être reconnue. – 2. La représentation a été reportée de crainte que les spectateurs ne soient mécontents. – 3. Je verrai cette exposition en soirée de peur qu'il n'y ait trop de monde. – 4. Elle lui a répété le nom du théâtre de peur d'un malentendu. – 5. Il est sorti par l'autre porte de peur qu'on ne le voie.

16. 1. a suffisamment ... pour que – 2. d trop ... pour que – 3. e assez ... pour que 4. c trop peu ... pour que 5. b suffisamment ... pour qu'

17. *Trop* avec ADJECTIF ou VERBE ou ADVERBE *pour que*

Trop peu avec ADJECTIF ou VERBE ou ADVERBE *pour que*

Assez avec ADJECTIF ou VERBE ou ADVERBE *pour que*

Suffisamment avec ADJECTIF ou VERBE ou ADVERBE *pour que*

Trop de avec NOM *pour que*

18. 1. Il y a trop de monde à ce concert pour qu'on puisse être bien placés. – 2. Ces parents ont assez peu d'argent pour que leurs enfants puissent partir en classe de neige. – 3. Est-ce qu'il vous reste suffisamment de monnaie pour que nous puissions payer le parking. – 4. Elle fait trop peu de sport pour qu'on puisse l'aider à maigrir. – 5. Vous refusez beaucoup trop de travail pour que nous puissions vous faire confiance.

19. *phrases possibles :* 1. Il est trop bien élevé pour se comporter de la sorte. – 2. Il a assez de connaissances pour trouver un emploi. – 3. Elle étudie suffisamment pour obtenir de bons résultats. – 4. Elle boit trop peu pour être ivre. – 5. Elle est assez responsable pour voyager seule.

4. L'opposition et la concession

1. *souligner :* Le 1er avril, c'est le jour des plaisanteries et des blagues, bien qu'elles soient autorisées toute l'année. – Tandis que les journaux, la radio et la télévision annoncent de fausses nouvelles. – En dépit de votre vigilance, ce jour-là il est facile de tomber dans le piège. Même si l'origine de cette fête n'est pas déterminée avec précision, elle est pratiquée dans plusieurs pays.

2. 1. quand bien même – 2 Tandis que – 3. Même si – 4. Si – 5. quand – 6. alors que

3. *souligner :* 1. Bien que – 2. quoique – 3 encore qu' – 4. sans que – 5. quoiqu'

4. 1. c – 2. d – 3. e – 4. b – 5. a

5. 1. Quels que – 2. quoique – 3. Qui que – 4. quoi que – 5. Quelles que

6. 1. b – 2. d – 3. c – 4. a

7. scie - un - thé - ré - cent - queue - soie - s - œufs - k - île - pain - paire - sonne - nœud - le - k - eau - n - haie : <u>Si</u> intéressant <u>que</u> soit ce qu'il peint, personne ne le connaît.

8. 1. Néanmoins – 2. à l'inverse de – 3. en dépit des – 4. Malgré – 5. en revanche

9. *phrases possibles :* 1. ...cependant elle n'a pas su me captiver. – 2. Il ne semble pas convenir pour ce rôle toutefois... – 3. ... malgré sa beauté physique. – 4. Ils sont partis en début de soirée à l'inverse des... – 5. À défaut de télévision nous allons régulièrement au cinéma.

10. 1. Elle a gagné au casino sans avoir joué de grosses sommes. – 2. Elle part en week-end à défaut de prendre des vacances. – 3. J'achèterai une voiture quitte à emprunter de l'argent. – 4. J'aurais préféré travailler au lieu d'être resté au chômage. – 5. Il est monté dans le train sans billet au risque d'avoir à payer une amende.

11. 1. Quitte à – 2. Sans – 3. Loin de – 4. Au risque de – 5. Au lieu de

12. Conjonction + adjectif ou conjonction + participe présent ou participe passé

Bien que	+ petit	Quoique	+		épuisée
Quoique	+ jeune	Bien que	+ menaçant		
Même	+ soucieuse				

13. 1. Même s'il est timide, il saura se faire de nouveaux amis. – 2. Quoique peureuse, elle a affronté le danger. – 3. Bien qu'elle ait eu / qu'ayant eu un accident de moto, elle roule toujours en deux roues. – 4. Bien qu'elle soit / qu'étant belle, elle ne parvient pas à trouver de fiancé.

14. 1. Tout en autorisant... – 2. Même en suivant... – 3. Tout en aimant... – 4. Même en ayant...

15. 1. Nous avons beau être âgés, nous aurons n'aucune difficulté... – 2. Il a beau avoir de la chance, il n'a jamais gagné... – 3 Elle a beau s'habiller chez les plus grands couturiers, elle... – 4. L'été a beau ne pas être fini, les touristes partent. – 5. Ce film a beau avoir beaucoup de succès, il est... – 6. Vous avez beau être actif, vous devez...

16. 1. a – 2. b – 3. a, b – 4. b – 5. a

17. 1. paraisse – 2. soit – 3. soient – 4. puisse – 5. veuille

5. Le passif

1. 1 – 2 – 4 – 8 – 9 – 11 – 12

2. 1. vrai – 2. faux (Il s'accorde avec le sujet.)

3. aile - a - été - fée - lit - scie - thé - part - l - an - cent - bleu - d - hue - jus - riz : Elle a été félicitée par l'ensemble du jury.

4. 1. Ce film m'a déçu. – 2. La critique avait salué ces cinéastes. – 3. Le producteur vient de signer le contrat. – 4. Le mauvais temps aurait retardé le tournage de la dernière scène. – 5. Le festival du film policier invite Alain Delon.

5. 1. Les entrées de métro de style *Art Nouveau* ont été réalisées par l'architecte et décorateur Paul Guimard. – 2 Une randonnée en rollers dans les rues de la capitale est organisée par la mairie de Paris. – 3. La sécurité du métro va être assurée par la police municipale. – 4. La circulation sera perturbée par un rassemblement de motards sur la place de la Bastille. – 5. Des embouteillages sur les autoroutes A1 et A2 ont été causés par les départs en week-ends.

6. 1. hêtre - sang - C : être censé (Nul n'est censé ignorer la loi.) – 2. être - tenu - deux : être tenu de (Les élèves sont tenus de respecter le règlement intérieur.)

7. 1. La séance a été présidée par le directeur de l'école. – 2. La réunion des parents d'élèves a été interrompue par une panne de courant. – 3. Le voyage de fin d'année sera financé par les gains de la kermesse. – 4. Une centaine de livres de bibliothèque serait payée par la mairie pour la rentrée scolaire. – 5. Les prospectus vont être distribués par les parents. – 6. L'école avait été occupée pendant trois jours par les professeurs en grève. – 7. Clémentine, déguisée en clown, était applaudie par ses camarades de classe. – 8. Les locaux sportifs du collège auraient été ravagés par un violent incendie.

8. 1. d' – 2. de/par – 3. par – 4. de/par – 5. par – 6. de

9. 1. c – 2. a – 3. d – 4. b

10. 1. L'avant-centre de Monaco sera prochainement transféré. – 2. La compagnie aérienne *Air Tour* a été privatisée. – 3. Les cambrioleurs de la Banque de France ont été arrêtés. – 4. La déclaration des droits de l'homme a été commémorée dans tout le pays. – 5. Les skieurs de l'équipe de France ont été officiellement sélectionnés.

11. 1. impossible – 2 Oui, notre table vient d'être servie. – 3. Oui, une table pour six personnes avait été réservée au nom de Delbarre. – 4. impossible – 5. Oui, un restaurant de renom aurait été choisi par la direction de la société.

12. 1. Mon scooter a été volé. – 2. Une nouvelle secrétaire vient d'être engagée. – 3. Une bombe datant de la Seconde Guerre mondiale a été découverte. – 4. Les résultats des examens seront communiqués demain. – 5. Un nouveau tronçon sur l'autoroute A1 va être ouvert.

13. 1. Un cadavre a été découvert dans la forêt de Fontainebleau. - On a découvert un cadavre… – 2. Une bijouterie de la place Vendôme a été cambriolée par deux adolescents. – 3. Un avion d'*Alitair* a été détourné. - On a détourné un avion d'*Alitair*. – 4. Un contrat a été signé entre deux géants de l'industrie automobile. – 5. Un enfant de 10 ans a été enlevé sur le chemin de l'école. - On a enlevé un enfant de 10 ans sur le chemin de l'école.

14. 1. ...aient été prises en charge par ses grands-parents. – 2. ...ait été classée monument historique par l'État. – 3. ...soit conservé par ses parents. – 4. ...soient prises sans le consulter. – 5. ...aient été annulés par M. Deschamps.

15. 1. Cette année, les fruits et légumes se sont vendus à des prix très élevés. – 2. Les tomates s'achètent uniquement en saison. – 3. Les pâtes se cuisinent avec des sauces très élaborées. – 4. Le champagne se boit frappé. – 5. Ces vieilles recettes se sont transmises de mère en fille.

16. 1. Il s'est fait arrêter par la sécurité du supermarché. – 2. Elle a été prise en flagrant délit de vol par les vigiles du magasin. – 3. Le policier s'est entendu injurier par les habitants du quartier. – 4. Les secours ont été attendus sur le lieu de l'accident. – 5. Mon fils s'est fait renvoyer de son lycée.

17. 1. intolérable – 2. inacceptable – 3. potable – 4. compréhensibles – 5. imprévisibles

6. Les temps du passé de l'indicatif – Le passé simple

1. *horizontalement :* 1. mangea : passé simple – 4. devais : imparfait – 5. parvinrent : passé simple
verticalement : 2. veniez : imparfait – 3. finîtes : passé simple

2. 1. j'aie vu - nous ayons bu - il ait passé. Ces verbes ne sont pas conjugués au passé composé mais au subjonctif passé. – 2. vous seriez arrivé - vous auriez dû. Ces verbes ne sont pas conjugués au plus-que-parfait mais au conditionnel passé.

3. 1. occupaient - disposaient – 2. étaient – 3. avait - gardait - transmettait – 4. était - participait – 5. prenait - défendait

4. 1. êtes allées – 2 avons emprunté - a choisi - ai consultés - me suis offert

5. 1. avait été – 2. n'aviez jamais pris – 3. avions décidé – 4. s'étaient réunis – 5. avait appartenu

6. 1. était - ont tous disparu - faisaient – 2. vivait - a vite été exterminé

7. 1. n'ont pas reconnu - avait agressées 2. n'avait pas entendu - a continué 3. a confirmé - avait révélés 4. a été condamnée - avait tué – 5 ont déjà été entendus - avait convoqués

8. 1. n'avait prévu - s'est produit – 2. étaient postés - ne s'est aperçu de rien - s'est achevé

9. 1. -âmes – 2. -it – 3. -urent, -întes

10. 1. ouvrîtes – 2. voulurent – 3. vînmes – 4. ordonnai – 5. tombèrent

11. noue – plume : Nous plûmes / plaire

12. 1. ils espèrent – 2. tu sues – 3 vous dites – 4. je lis (Ce sont des verbes conjugués au présent.) – 5. tu recueillais (Verbe à l'imparfait.)

13. *Souligner :* 2. conclure – 3. sourire – 4. voir – 7. tenir

14. N - houx - fume - vin - cœur - dé - roue - mains : Nous fûmes vainqueurs des roumains. (être)

15. 1. fut sacré - devinrent - reçurent – 2. furent – 3. se réfugièrent - surnomma - proclama - mourut – 4. occupa - fut

16. 1. fit - prit - voulurent - se lança – 2. eut - se sauvèrent - prirent - commença – 3. furent - eurent

17. 1. rêvait - se sentait - attira - fit – 2. s'attardaient - donnait - décida - devint – 3. attendaient - annonça

18. s'éteignit – tressaillit – se mit – s'agrippa – dut – tremblait – s'aperçut – avait été rétabli – eut – n'a pas oublié

7. L'adjectif verbal – Le participe présent
et le participe passé

1. *souligner :* 1. séduisants – 2. étonnants – 5. épuisante – 6. précédente – 7. vivant

2. 1. énervement – 2. amant – 3. habitante – 4. prétendante (Ce sont des substantifs.)

3. cerf - thym - nez - on - son - A - vœux - gland : Certains néons sont aveuglants.

4. 1. éprouvantes – 2. passionnants – 3. exténuant – 4. fatigante – 5. encourageants

5. 1. c – 2. d – 3. a – 4. b – 5. e

6. 1. suffocante – 2. influent – 3. provocantes – 4. divergents – 5. exigeante

7. un - tri - gant : intrigant

8. *conviennent :* 1. équivalents – 2. convaincant – 3. vacant – 4. fatigant

9. 1. faux (C'est la première personne du pluriel.) – 2. vrai – 3. vrai

10. S - œufs - pré - scie - pie - temps - dent - la - pièce - île - rang - ver - sa - la - lampe : Se précipitant dans la pièce, il renversa la lampe.

11. *souligner :* 1. précédant – 2. parlant – 3. Devant – 4. reconnaissant – 5. voyageant – 6. se proposant

12. 1. menaçant – 2. Se sachant – 3. Ne voulant pas – 4. glissant – 5. négligeant

13. *horizontalement :* 1. celée – 2. ôtant – 3 les – 4. son – 5. ayant
verticalement : a. colla – b. été – c. lassa – d. en - on – e. étant

14. 1. Ayant séjourné – 2. Étant parti – 3. Étant née – 4. N'ayant pas étudié – 5. N'ayant pas fini

15. 1. b – 2. d – 3. b – 4. a – 5. c

16. 1. Le cyclone ravageant l'état de la Floride... – 2. La mer, s'étant déchaînée, apeura les enfants... – 3. Un grondement, provenant des entrailles de la terre, provoqua... – 4. La lave du volcan, engloutissant tout dans sa course, peut... – 5. L'incendie, ayant dévasté l'immeuble, a contraint...

17. 1. agaçantes – 2. violant – 3. agaçant – 4. communiquant – 5. communicantes

18. *conviennent :* 1. négligent – 2. convainquant – 3. convergeant – 4. convaincant – 5. navigant – 6. naviguant – 7. Adhérant – 8. intrigant – 9. Négligeant – 10. fatiguant

19. *phrases possibles :* 1. Un orage violent provoqua une coupure d'électricité dans tout le quartier. – 2. Vaquant à ses affaires, il ne me remarqua pas. – 3. Précédant la défilé, le président ouvrait la voie aux militaires. – 4. Ce jeune adhérent n'a pas été convoqué. – 5. Devant tant d'indices convergents, la police l'a arrêté.

8. Les articulateurs du discours

1. 1. deux - sur - croix : de surcroît – 2. pas - rat - i - heure : par ailleurs – 3. cerf - T - œufs : certes – 4. an - dé - pis - deux : en dépit de – 5. dune - part : d'une part

2. en - premier - lieu : en premier lieu

3. 1. cependant – 2. bref – 3. enfin – 4. donc

4. *souligner :* 1. en d'autres termes – 2. ensuite – 3. Toutefois – 4. En effet – 5. Par conséquent – Opposition : 3 – Explication et justification : 4 – Addition et énumération : 2 – Conclusion et conséquence : 5 – Reformulation : 1

5. 1. Addition et énumération – 2. Opposition – 3. Explication et justification – 4. Reformulation – 5. Conclusion et conséquence

6. 1. a – 2. e – 3. d – 4. c – 5. b – 6. f

7. 1. En effet – 2. Par exemple – 3. Ou encore – 4. En revanche – 5. Ainsi – 6. Notamment – 7. En outre – 8. En conclusion

8. 1. certes, il est vrai que, on dit parfois que – 2. c'est-à-dire, autrement dit, en d'autres mots – 3. en effet, c'est pourquoi, entre autre – 4. ainsi, en somme, en résumé – 5. par exemple, citons l'exemple de, un simple exemple suffira – 6. or, d'ailleurs, en plus

9. 1. 3 – 2. 6 – 3. 8 – 4. 2 – 5. 4 – 6. 1 – 7. 5 – 8. 7

10. 1. dernièrement : adverbe de temps qui signifie *récemment*. – 2. ailleurs : adverbe de lieu qui signifie *dans un autre lieu*. – 3. outre : préposition qui signifie *en plus de*. – 4. en fait : locution adverbiale qui signifie *en réalité*.

11. 1. ...D'ailleurs, je vais travailler dans la société de mon oncle. – 2. ...D'ailleurs, j'y fais mes courses quotidiennement. – 3. ...Par ailleurs, j'ai changé d'appartement et de travail. –

4. ...D'ailleurs, si tu interroges les enfants, pour rien au monde ils reviendraient vivre à Lyon. –
5. ...Par ailleurs, cette semaine sera très chargée en sortie de films. – 6. ...Par ailleurs, la France a été battue 79 à 73 par l'Espagne en basket.

12. 1. En effet – 2. En fait – 3 En effet – 4. en fait – 5. en fait

13. 1. Outre – 2. en outre – 3. Outre – 4. En outre – 5. En outre

14. *phrases possibles :* 1. En effet, c'est l'âge de la découverte, de l'insouciance. – 2. Par exemple, on s'éveille à l'amour. – 3. Ou encore, on entreprend diverses activités sportives et culturelles. – 4. En revanche, c'est également l'âge des incertitudes et de la révolte. – 5. Ainsi, on s'oppose à l'autorité. – 6. Par conséquent, il n'est pas rare de voir des adolescents entrer en conflit avec leurs parents.

15. *phrases possibles :* 1. Certes, il nous est utile en cas d'urgence. – 2. D'ailleurs, on l'utilise pour appeler les secours. – 3. De plus, il évite de nous déplacer inutilement. – 4. Néanmoins, on est esclave de cet appareil qui peut sonner à tout moment.

16. 1. Après – 2. À peine – 3. Au fur et à mesure – 4. soudain – 5. durant

17. 1. d – 2. a – 3. c – 4. e – 5. b – 6. f

9. Les adverbes

1. *horizontalement :* violemment – volontiers – vite
verticalement : tout – tristement

2. 1. clair – 2. large – 3. dur – 4. agréable – 5. pur

3. 1. naturellement – 2. légèrement – 3. franchement – 4. activement – 5. mollement – 6. doucement – 7. fraîchement – 8. longuement – 9. sèchement – 10. curieusement

4. au masculin Exception : gaiement

5. 1. crûment – 3. assidûment – 4. indûment – 5 goulûment

6. 1. énormément – 2. profondément – 3. véritablement – 4. précisément – 5. intensément – 6. habilement – 7. vraisemblablement – 8. précocement

7. 1. gentiment – 2. journellement / quotidiennement – 3. gravement / grièvement – 4. rapidement / vite – 5. brièvement – 6. mensuellement – 7. manuellement

8. 1 anti - constitutionnellement : anticonstitutionnellement

9. -ent – -ant – -emment – -amment. Sauf : lentement

10. 1. Ne lui réponds pas méchamment. – 2. Marchez plus élégamment. – 3. Travaillez intelligemment. – 4. Attendez patiemment. – 5. Défendez-vous vaillamment.

11. 1. lentement - superficiellement – 2. bruyamment - brutalement – 3. modérément - précisément – 4. secrètement - gaiement – 5. gentiment - poliment

12. 1. follement - hâtivement – 2. immensément - absolument – 3. hardiment - aveuglément – 4. dûment - assidûment – 5. nonchalamment - éperdument

13. 1. joyeusement – 2. ingénument – 3. opiniâtrement – 4. impossible – 5. sottement – 6. impossible – 7. impossible – 8. silencieusement – 9. abondamment – 10. vainement

14. 1. L'accusé se contenta de répondre brièvement et confusément. – 2. Les élèves qui s'étaient conduits irrespectueusement ont été sévèrement réprimandés. – 3. Les plus affamés déjeunèrent copieusement dans le premier restaurant ouvert sur la route. – 4. Nous nous promenâmes longuement au bord du lac gelé. – 5. Il finit obscurément sa vie.

15. 1. e – 2. b – 3. b – 4. g – 5. d – 6. f – 7. e – 8. c – 9. a – 10. f

16. 1. bien – 2. ailleurs – 3. vite – 4. Dorénavant – 5. Auparavant – 6. à ce moment-là – 7. En ce moment – 8. jamais – 9. tout – 10. mieux

17. 1. f – 2. e – 3. b, d, h, i – 4. a, g – 5. c, j

18. 1. Le skieur a descendu assez rapidement la pente. – 2. Elle sera partie demain. – 3. Les fiancés ont publiquement annoncé leur mariage. – 4. Il est parti bien vite sans saluer. – 5. Il a enfin avoué la vérité.

10. Les constructions verbales avec à, de, etc.

1. 1. commencer à – 2. renoncer à – 3. parvenir à – 4. consentir à – 5. tenir à

2. 1. assister à + nom. Les autres verbes se construisent avec *à* + verbe à l'infinitif. – 2. promettre de + verbe. Les autres verbes se construisent avec *à* + verbe.

3. 1. d – 2. f – 3. e – 4. c – 5. a – 6. b

4. 1. ø – 2. à – 3. ø – 4. à – 5. à – 6. ø – 7. à – 8. à – 9. à – 10. à

5. 1. b – 2. a, b, c – 3. c – 4. a, b – 5. a, c

6. dé - pêche - toit - 2 - terre - mie - nez : Dépêche-toi de terminer !

7. *verticalement :* finir – éviter – mériter – refuser

8. 1. de – 2. ø – 3. d' – 4. de – 5. de – 6. ø – 7 de – 8. ø – 9. d' – 10. de

9. 1. de – 2. d' – 3. de – 4. de – 5. ø – 6. ø – 7. de – 8. ø

10. 1. Ils se plaignent de maux de gorge et méritent d'être soignés rapidement. – 2. Je n'ai pas pu m'empêcher de pleurer durant la projection et je me suis servi de tous mes mouchoirs. – 3. J'ai beaucoup de travail cette semaine mais j'ai envie de prendre une journée car j'ai besoin de repos. – 4. Notre fille dispose de notre voiture mais elle se souvient de l'avoir endommagée donc elle évite de la prendre. – 5. Il suffit d'apprendre vos leçons et vous vous débarrasserez de vos lacunes. – 6. Changez de place et arrêtez de vous plaindre.

11. *conviennent :* 1. à – 2. de – 3. à – 4. de – 5. à – 6. à, de – 7. de – 8. de – 9. à, d' – 10. à

12. de – de – de – à – à – de – à – de – à – à

13. *conviennent :* 1. choisir de + verbe à l'infinitif – choisir + quelque chose choisir + quelqu'un – Si vous choisissez de vous marier, faites-le au printemps. – Il a choisi cette cravate pour le mariage. – Il a choisi son ami d'enfance comme témoin.
2. essayer de + verbe à l'infinitif – essayer + quelque chose – Essayez de contacter le traiteur pour établir le menu. – Essayez cette voiture décapotable, elle conviendra pour votre mariage.
3. tenir à + verbe à l'infinitif – tenir à + quelque chose – tenir à + quelqu'un – Les mariés tenaient à partir en voyage de noces. – La mariée tenait à la bague que lui avaient offerte ses parents. – Les époux tenaient à eux.
4. se souvenir de + verbe à l'infinitif – se souvenir de + quelque chose – se souvenir de + quelqu'un – Il se souvient d'avoir oublié les alliances le jour de son mariage. – Il se souvient de la nuit de noces. – Il se souvient de tous ses amis présents.
5. rêver de + verbe à l'infinitif – rêver de et à + quelque chose – rêver de + quelqu'un – Nous rêvons de visiter ton pays. – Je rêve de nos retrouvailles. / À quoi rêves-tu ? – Je rêve souvent de mes parents.

14. 1. à - à - de – 2. à - à - de – 3. à - de - de – 4. à - à - de – 5. à - de - de - à - de

15. profiter de quelque chose Les autres verbes se construisent avec *à* et *de*. Exemple : demander quelqu'un – demander quelque chose à quelqu'un – demander à quelqu'un de + infinitif – demander à + infinitif.

16. 1. Il la demande - Il lui demande tout. - Il lui demande de voyager beaucoup. - Il demande à voyager beaucoup. – 2. Il lui ordonne tout. - Il lui ordonne de voyager beaucoup. – 3. Il lui permet tout. - Il lui permet de voyager beaucoup. – 4. Il la conseille. - Il lui conseille tout. - Il lui conseille de voyager beaucoup. – 5. Il lui parle. - Il lui parle de tout. - Il parle de moi. - Il parle de voyager beaucoup. – 6. Il se plaint de voyager beaucoup. - Il se plaint de moi. - Il se plaint de tout. - Il se plaint à moi. – 7. Il dit tout. - Il lui dit tout. - Il dit tout de moi. - Il dit de voyager beaucoup. – 8. Il la commande. - Il lui commande tout. - Il lui commande de voyager beaucoup. – 9. Il lui propose tout. - Il lui propose de voyager beaucoup.

17. 1. de – 2. de – 3. à – 4. à – 5. de – 6. à – 7. de – 8. à – 9. de – 10. de

18. 1. sur – 2. dans – 3. de – 4. en – 5. de – 6. à – 7. contre – 8. à – 9. pour – 10. par

N° d'éditeur : 10132209 – PAOH ! – Février 2006

Imprimé en France par EMD S.A.S. – N° dossier : 14989